銀行員はココを見ている

社長のための「中小企業の決算書」読み方・活かし方

安田 順 中小企業診断士
JUN YASUDA

日本実業出版社

はじめに

「アナタは銀行交渉が好きですか?」

こう聞かれて、「好きです」と答える社長はまずいません。銀行員は評価する側。会社は評価される側。会社はお客さん。でも、銀行員は、会社をお客さんとして見ていない。

しかも、**銀行員は、会社の業績のみならず、社長自身の人格も見ている(らしい)!**

就職試験じゃあるまいし、こんなことが楽しいわけないですよね。

「あぁ~面倒くさい! 銀行なんかどうでもいいや」で済ませられるとよいのですが、必要なときにお金が借りられないのは困ります。

銀行交渉は、「好きではないけど、苦手ではない」くらいにしておきたいところです。

すべてのカギを握るのは「決算書」です。融資審査は「決算書で決まる」と言っても過言ではないからです。

銀行員との交渉がうまくいかないのは、どんなときが多いかご存じですか？　それは、**決算書の中に、銀行員は「問題だ」と思っているのに、社長は「問題だ」と思っていないことが隠れているとき**です。

こういうときはお互いの問題意識が噛み合っていないので、いくら社長が銀行員の前で熱弁をふるっても、徒労に終わります。「融資の枠が一杯でして……」と、ありきたりの理由で融資を断ってくるでしょう。

大事なのは、社長自身が積極的に自社の決算書の問題点に言及することです。

自分に都合のよい話ばかりをおしゃべりするのはやめて（こういう人がとても多い）、銀行員の「決算書のココが気になる」というニーズをくみ取るようにするのです。

「売上の推移がよくない」とか「在庫が多い」といった問題点に、あえてこちらから言及することで、銀行員はアナタを、「数字のことがわかる問題意識の高い社長」と評価するようになります。

結果として、アナタは会社の資金調達に成功するでしょう。なぜなら、中小企業では、

「数字のことがわかる問題意識の高い社長」がとっても少ないからです。

「そうは言っても決算書の読み方がイマイチわからないんだよね。銀行員に数字のことを語るなんてムリムリ～」

はい。結局、そこが一番の問題です！

そんなアナタのために、中小企業の決算書の正しい読み方・活かし方を理解してもらいたくて、この本を書きました。一般的な財務の教科書には書いていない「中小企業ならではの読み方・活かし方」をお伝えしていきます。

アナタがこの本を読むことによって、次のような効果が期待できます。

- 社長にとって大事な「お金の流れ」を決算書から読めるようになる
- 銀行員が決算書をどう読んでいるかがわかり、銀行交渉力がアップする
- 銀行から貸し渋りされないために、決算書をどう改善していくべきかがわかる
- 資金繰りに強い社長がやっている「月次試算表」の読み方がわかる
- リスケにならない借入返済の考え方がわかる

いずれも「中小企業の財務のツボ」ともいえる超重要項目です。

私は、金融機関で融資業務や債権回収業務を経験した後、経営コンサルタント（中小企業診断士）として独立し、今年で14年になります。これまで社外ＣＦＯ（財務責任者）の形で、銀行交渉や資金繰りに悩む多くの中小企業を支援してきました。

この仕事をしていて、いつも思うのは、**中小企業に〝数字以外のことはとても優秀な社長〟がいかに多いか**ということです。

営業力があったり、技術力があったり、ヒト使いがうまかったりする社長ほど、なぜか数字のことでつまずいてしまうのです。

しかし、そんな社長が、決算書と向き合うようになると、たちまち会社の業績は回復し、経営は安定するようになります。

本書を、ぜひ、そのきっかけにしてください。

２０１５年４月吉日

中小企業診断士　安田　順

社長のための「中小企業の決算書」読み方・活かし方◎目次

第1章
「入口」を間違わなければ決算書は読めるようになる

第2章
会社の「お金の動き」を効率的にチェックするポイント

第3章

銀行は決算書をどう読んでいるか〈PL編〉

第4章 銀行は決算書をどう読んでいるか〈BS編〉

第5章 資金繰りに強い社長が実践する「試算表の読み方」

第6章 リスケにならない借入返済の基礎知識

第7章 お金のことで悩まない社長になるための応用知識

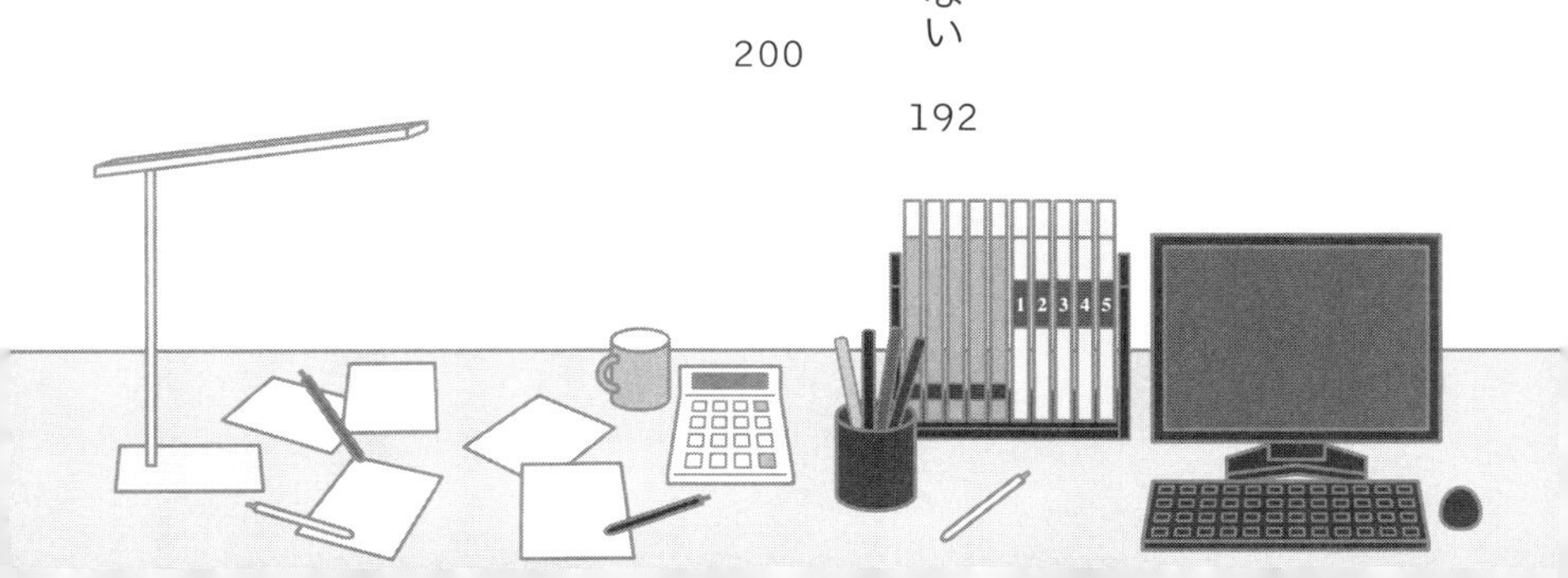

カバーデザイン／EBranch　冨澤　崇
イラスト／前田達彦
本文DTP／一企画

序章

「数字に強い人」ではなく、「数字で失敗しない人」を目指せ

数字が苦手な社長の問題点

中小企業の社長には、数字に弱い人もいれば強い人もいますが、社長が数字に強いからといって、会社が儲かるとは限りません。

ビジネスの肝は、お客様のニーズにしっかり応えること。社長がどれだけ数字に詳しくても、このポイントをはずしていれば、売上はあがらず、利益も出ません。

実際、数字が苦手でも、リーダーシップがあり、顧客ニーズをとらえられる社長の会社は、業績が好調です。

ただし、数字が苦手な社長には、致命的ともいえる問題点があります。

それは、**「危機を察知できない」**ということです。

数字が苦手な社長は、業績や資金繰りが少しずつ悪化してきたとき、その兆候を見逃してしまいます。仮に異変に気づくことができたとしても、問題の大きさを実感できない。

結果、手を打たずに放置してしまうのです。

逆に、数字がわかる社長は、決算書や試算表から「悪い」という兆候をつかんだら、すぐに対策に着手します。

これができるのは、業績が悪化したということの意味を、**「数字に置き換えて考えることができる」**からです。

「お金のことなら経験と勘でなんとかなる」と思っている社長も多いのですが、それはある程度の業績を維持しているからこそできること。**何かのきっかけで業績や資金繰りが悪化すれば、数字に弱い社長は必ず右往左往します。**

だから、「数字に強い社長」とまではいかなくても、**「数字のことで失敗しない社長」になっておく必要があるのです。**

「資金繰りに悩む社長」に共通する特徴

私が資金繰りの相談を受ける会社は、業種も規模も様々です。売上不振の会社もあれば、取引先の倒産で売掛金が焦げついた会社もあります。銀行員にのせられてムダな投資をやり過ぎた会社もあれば、社員にお金を持ち逃げされた会社もあります。

資金繰り悪化の理由は会社によって千差万別ですが、資金繰りに悩む社長には、ある共通する特徴があります。それは、

「どの社長も貸借対照表（ＢＳ）をまともに読んでいない」

ということです。

たとえば、決算書を見ると、利益が出ているのに現金が減っているとします。現金が減った原因や会社の資金繰りがどうなっているかは、本当はＢＳを眺めていればわかります。わざわざ資金繰り表を作るまでもありませんし、難しい財務分析を行なう必

要もありません。

にもかかわらず、**資金繰りに悩む社長の多くが、BSにチラッと目をとおすだけで終わっているのです。**

私の事務所に相談に来られる社長で一番多いのは、銀行借入を返済しすぎて、手持ちの現金がスッカラカンになったケース。そのほとんどは、目の前のBSをよく見ていれば、スッカラカンになる前に、何か手を打てたでしょうに……、という人です。

現金を減らしすぎると、本当に手遅れで倒産してしまう場合もあります。どんな状況であれ、現金にはいつも余裕をもたせておくようにしないとダメなんです。社長がちょっとしたことに注意すれば危機を防げたわけですから、「惜しいなぁ……」といつも思います。

大切なところなので繰り返します。

「数字に強い社長」になる必要はありません。最低限の知識とスキルを身に付けて、「数字で失敗しない社長」になりましょう。

そのためには、まずやっぱり「決算書の読み方・活かし方」を理解することが大切です。

では、肩の力を抜いて、第1章からはじめましょう。

※本書では、単に決算書と表記した場合、損益計算書と貸借対照表のことであると理解してください。
※損益計算書（Profit and Loss Statement）はＰＬ、貸借対照表（Balance Sheet）はＢＳと省略した書き方をする場合があります。ＰＬはピーエル、ＢＳはビーエスと読んでください。
※本書でいう「銀行」には、信用金庫、信用組合、日本政策金融公庫など、中小企業向け融資を行なう金融機関を含みます。

第 1 章

「入口」を間違わなければ決算書は読めるようになる

社長は自社の決算書をどう読むべきか

ポイントは「お金の動き」を読むこと

会社の事業活動はすべて決算書に記録されます。

決算書は、人間にたとえれば健康診断書のようなもの。読まないで問題を放置していると、いずれ大病を患うことになります。

一口に「決算書を読む」といっても、読み方は様々です。ある人にとっては損益計算書の利益を確認することかもしれませんし、ある人にとっては財務分析を行なうことかもしれません。読み手の目的によって、読み方は異なるのです。

では、中小企業の社長は、自社の決算書を読むとき、何に注意して読むべきでしょうか。

私はこの問いに対し、**「損益計算書ばかり見ていないで、貸借対照表から〝お金の動き〟を読むようにしてください」**とお答えしたいと思います。

理由は、2つあります。

1つは、**資金繰りの問題**です。

「数字が嫌い」「資金繰りのことがよくわからない」と言う社長は、基本的に貸借対照表に苦手意識をもつ社長です。ほとんどの人は、損益計算書を熱心に読む一方で、貸借対照表の数字に意識が向いていません。

しかし、**会社の資金繰りを表わすのは、損益計算書（PL）ではなく、貸借対照表（BS）です。**

このため、貸借対照表が苦手な社長は、「売上は伸びていて、利益もあがっているのに、なぜお金が減っていくのだろう？」と悩むことになります。また、お金が減る原因がよくわかっていないので、安易に銀行借入に頼り、資金繰りを悪化させてしまいます。

お金が減る原因は、貸借対照表を読めばすぐにわかります。それも、一定の手順に沿って読むだけで、難しい分析を行なう必要はありません。

社長自身が〝食わず嫌い〟をやめて、ＢＳから「お金の動き」を読む努力をちょっとだけすれば、この問題は解決するのです。

もう１つは、**銀行交渉の問題**です。

よく「銀行の担当者が、決算書のどこを見ているのかわからない」という声を聞きますが、**銀行員が見ているのも、じつは「お金の動き」です**。

そもそも銀行は、中小企業の決算書が真実を表わしているとは考えていません。中小企業の決算書は、粉飾して赤字を隠したり、税金を払わなくても済むように、わざと赤字にする、ということが珍しくないからです。

ただし、１つだけ真実を表わしている箇所があります。それは、貸借対照表に記載されたキャッシュ（現預金）です。**中小企業では小口現金が間違っていることはありますが、預金は残高証明書が必要になるので粉飾できないのです。**

銀行交渉を上手に行なうには、こうしたＢＳの読み方を、社長自身がもっと知る必要があるのです。

攻略のポイントは「入口」にある

入門書ばかり読むのは時間のムダ

私は中小企業の社長向けに財務関係のセミナーをよく行ないますが、そういう場で必ず、「決算書を読めるようになるのに、何かお勧めの本はあるか？」という質問を受けます。

決算書を読むための本は、書店に行けばいくらでも売っています。本書を購入した方であれば、一度くらいはその手の本を読んでいることでしょう。

しかし、書店に並んでいる入門書レベルの本の中から、わかりやすそうな一冊を選んだとしても、「ただのお勉強のような気がして面白くない」「途中まで読んだけれど、すぐに忘れてしまう」という人が少なくないようです。

実際のところ、**決算書は、基本的な原理を一度マスターすれば、あとはひたすらその応用です。**つまり**「入口」が一番大事**なのです。

この点を勘違いして、基礎的なトレーニングを飛ばしてしまうと、何度も入門レベルの勉強を繰り返すことになります。

基本をマスターするのに最も適しているのは日商簿記3級の教材です。

「結局、簿記か……」とガッカリされたかもしれませんが、「資格を取りましょう」という話ではありません。簿記3級をお勧めするのには、それなりの理由があります。

それは、薄い教科書に会計の本質的な内容がしっかりと織り込まれていることです。

たとえば、会計の世界には「発生主義」という考え方があります。

発生主義とは、現金の出入りとは関係なく、「発生したら、ただちに収益と費用を認識する」というものです。この発生主義の考え方がきちんと腑に落ちていないと、決算書を読むことはできません。

簿記の基本は「仕訳」ですから、発生主義も仕訳を通じて理解することになります。それだけしっかりとした基礎が身に付くということです。

簿記は、1級、2級、3級と級ごとに難易度が分かれていますが、決算書を読むだけなら3級の知識で十分です。

また、**教科書に書いてあることを隅から隅まで覚える必要はありません。**自社と関係のない内容はさらっと流してください。

教科書を読みはじめると10分としないうちに眠くなる方も多いと思うので（私もその1人です）、**大手予備校が市販しているDVD付きの教科書の活用をお勧めします。**

DVDなら、受け身の姿勢でただ見ているだけでも、そのうち、「ああ、あれはそういうことだったのか」と何かひっかかってくるものです。

値段はほんの数千円。社長にとって、これほどコストパフォーマンスの高い教材は他にないと思います。

簿記に詳しい人が決算書を読めない理由

簿記の弱点を押さえよう

日商簿記3級の学習には一定の注意が必要です。

ここまでの話と矛盾するようですが、経理担当者や会計事務所の職員など、簿記に詳しい人の中には決算書を読めない人がたくさんいます。

じつは、**簿記さえ勉強すれば決算書を読めるようになるわけではないのです。なぜなら、簿記は、決算書を「作るための知識」だからです。**

経理担当者などは、簿記の知識をベースに段階を踏んでPL、BSを作成していくのですが、この流れはあくまで「作るための流れ」です（次ページ図参照）。決算書を読むことにはほとんど使えません。

簿記の学習と決算書を読むことのギャップ

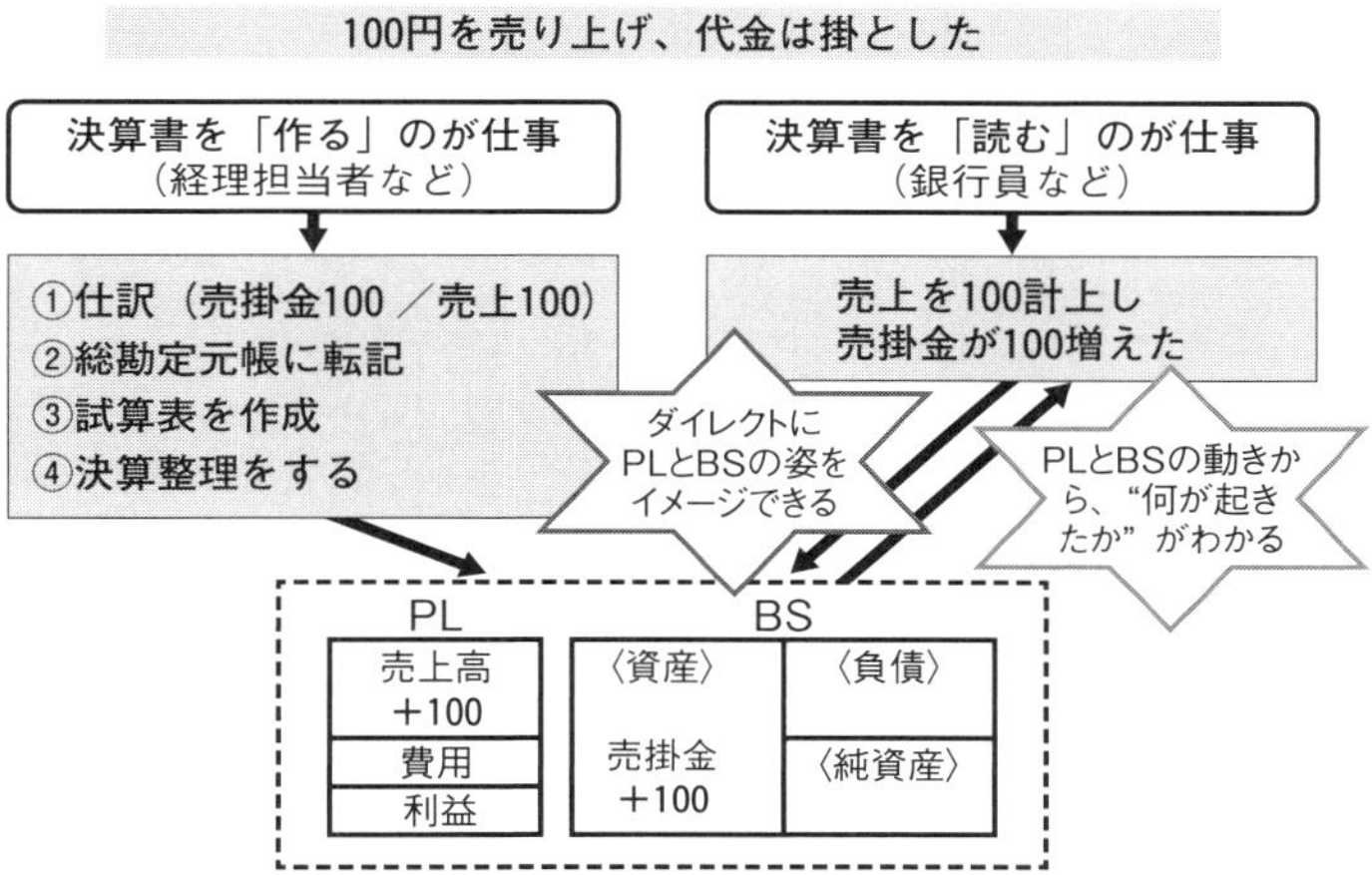

日頃、作る流れしか考えていなければ、決算書が読めないのは、ある意味、当然のことなのです。

一方、銀行員など、決算書を読むことが仕事の人が簿記に詳しいかというと、必ずしもそうではありません。「決算書は読めるけど、簿記のことはよく知らない」と言う銀行員はたくさんいます。

銀行員は、決算書を読むのに、簿記で習う仕訳のことをいちいち考えません。取引からダイレクトにPL、BSの姿をイメージします。また、逆に、PL、BSの変化から、ダイレクトに現在の状況を推定します（〝銀行員〟とひとくくりにするのは間違いかもしれませんが、こういう決算書の読み方を〝銀行員のような読み方〟と呼ばせていただきます）。

このように、簿記と決算書を読むことにはギャップがあります。

しかし、誤解してはいけないのは、両者はまったくの別物ではない、ということです。**よく「簿記を勉強しなくても決算書は読める」と言う人がいますが、まったく勉強しなくてよいかというと、そうではないのです。**

銀行員もそうですが、決算書を読めると言う人をよく見れば、ほとんどの人は簿記の概略くらいは知っています。

ただ、一度、決算書が読めるようになると、仕訳のことなどはどうでもよくなってしまうので、初心者に対しても「簿記は必要ない」と言ってしまうのだと思います。かくいう私がそうでした。だから、最初は簿記をやったほうがよいのです。

ただし、簿記の教科書には、銀行員のような読み方について何も書いてありません。

ですから、**効率的に決算書を読めるようになるには、日商簿記3級の知識をベースに、「PL、BSから〝何が起きたのか〟をダイレクトに読み取るスキル」を身に付ける必要があるのです。**

効率的に決算書を読むトレーニング

合計残高試算表がわかると決算書も読める

決算書の読み方を解説する入門書は、「ＰＬとは」「ＢＳとは」と各論の詳細な説明からはじまるものがほとんどです。ですから、**ＰＬとＢＳの数字が、何を集計した数字なのか知らない初学者は、「入門書を読んでもピンとこない」ということになるわけです。**

一方、簿記のテキストには、様々な仕訳の問題が「これでもか」というくらいに出てきます。こうした問題を前に、「この取引の仕訳って何だろう?」と仕訳の答えを考えることだけに頭を使うと、**簿記の知識が「決算書を作るための知識」になり、「決算書の数字をきっちり読み込んで経営に活かす」というゴールが遠ざかります。**

そこで、皆さんに注目してもらいたい表があります。簿記３級のテキストの後半に登場する**「合計残高試算表」**です（次ページ参照。以下、「試算表」といいます）。

試算表とは、決算書を作成する前段階で、仕訳や金額の転記作業にミスがないかを確認するために作る表です。

実務では、この試算表が決算整理前のＰＬ、ＢＳになります。このため、**簿記3級の学習を通じて試算表のカラクリを理解すると、決算書が読めるようになるのです。**

次ページの試算表の「借方合計」「貸方合計」を見てください。ここにある数字は、日々の仕訳を勘定科目ごとに集計したものです。

試算表では、借方合計と貸方合計のどちらか大きいほうに残高があることになり、それが「借方残高」または「貸方残高」となります。

ＰＬとＢＳに記載されるのは、「借方残高」「貸方残高」の数字です。

経理業務では、この集計の流れが、会計ソフトに伝票の数字を入力することで完了してしまうのですが、試算表を理解するには、個々の仕訳が試算表にどう反映されるかを押さえる必要があります。

ここでは、まず、**試算表の右と左の合計値がピタリと一致することを確認してください。**

試算表を図に置き換えると、こうなる！

合計残高試算表

	借方残高	借方合計	勘定科目	貸方合計	貸方残高	
資産300	50	150	現　　金	100		
	50	60	売 掛 金	10		
	200	200	土　　地			
		20	買 掛 金	70	50	負債150
		10	借 入 金	110	100	
			資 本 金	50	50	
			売 上 高	290	290	収益300
			受取手数料	10	10	
費用200	110	110	仕　　入			
	80	80	給　　料			
	8	8	家　　賃			
	2	2	支払利息			
	500	640		640	500	

合計金額は必ず一致

ポイントは「BSとPLのつながり」にある

試算表は、次ページ図のように、上下で区切ると、BS（上）とPL（下）に分離されます。試算表という1つの表に、BSとPLの両方が含まれているわけです。

試算表から抜き出したBSとPLは、一部分がつながった状態になっています。

つながっている部分は、BSの「純資産」とPLの「当期純利益」です。もともと、1つの試算表に入っていたBSとPLを切り離し、左右合計に差が生じるところが純資産と当期純利益になるのです。

試算表から、PLとBSを作成する際には、

①PLで、当期純利益（または当期純損失）を計上し、
②BSで、その金額を純資産（簿記3級では資本金）に振り替えます。

実際の会社の決算書では、当期純利益は純資産の中にある「利益剰余金」に振り替えます。この結果、たとえば、当期純利益が100円であれば、純資産が100円増えます。逆に、100円の当期純損失を計上した場合、純資産が100円減ります。

当期純利益と純資産のつながりを意識するようにしてください。このことが、銀行員の

試算表とPL、BSの関係

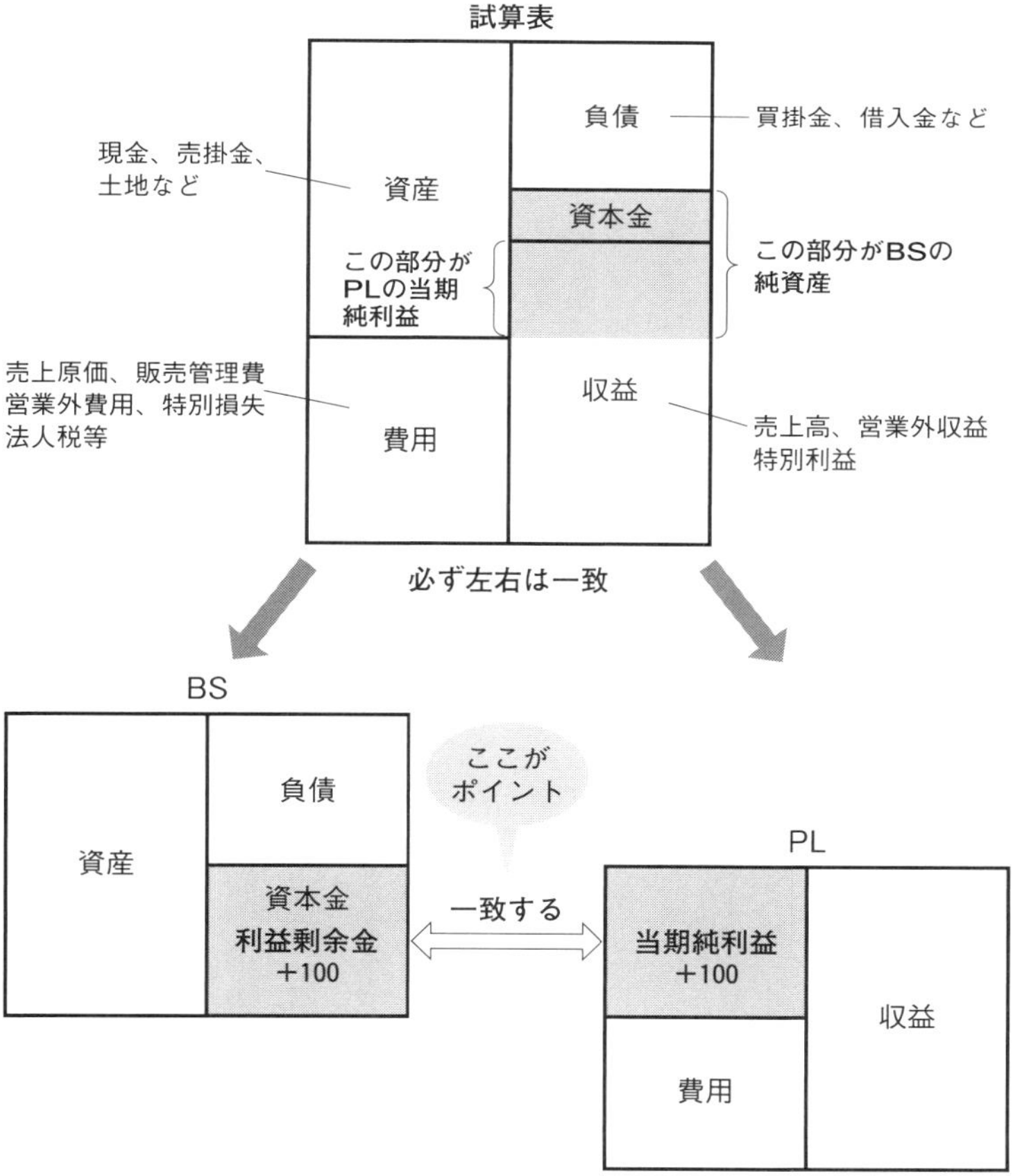

※個人商店の会計処理を学ぶ簿記３級では当期純利益（または当期純損失）を資本金に振り替える

ように仕訳を考えずにＰＬ、ＢＳを読むポイントになります。

例として、次ページに「１００円を売り上げ、代金は掛とした」という取引を図にしてみました。実際にこのようにイメージしてみてください。

コツは頭の中で立体的にイメージすること

会計上のあらゆる取引は、すべてこの図に置き換えることができます。**実際に頭の中で、図の収益や資産の部分が「膨らんだ」とか「縮んだ」というようにイメージするのがコツです。**迷ったら実際に紙に書いて確かめることも大事です。

私は、金融機関に勤務していた頃、融資先企業のＰＬ、ＢＳの動きを、いつもこの図でイメージしていました。

たとえば、融資先の社長から、「在庫を処分して売却損を出した」という話を聞けば、「資産が減って、費用が増えて……。あれ、じゃあ現金はいくら入ったんだろう？」というように、融資先からヒアリングした内容について、１つひとつ会計のロジックを確認していったのです。

BS、PLの変化を図でイメージする

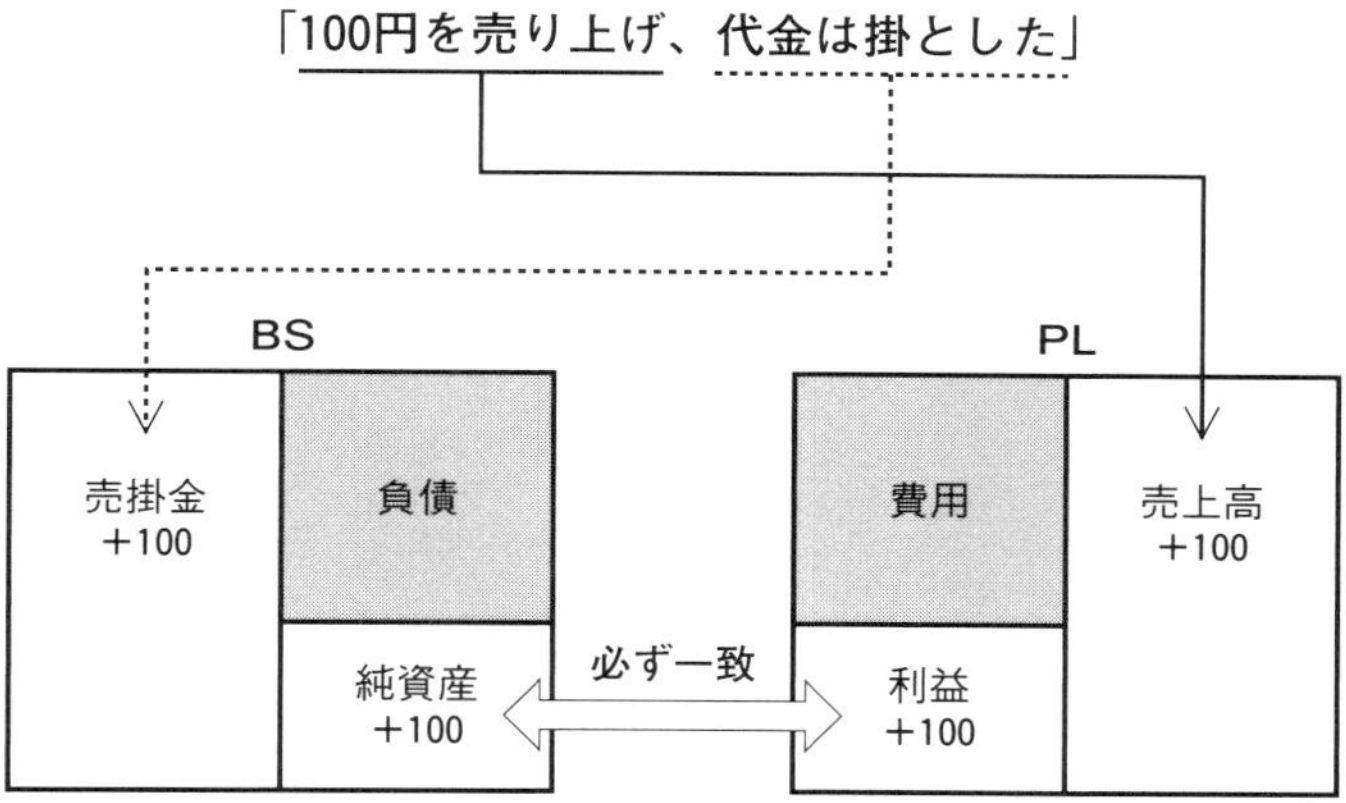
「100円を売り上げ、代金は掛とした」
BS
PL
売掛金
+100
負債
純資産
+100
必ず一致
費用
利益
+100
売上高
+100

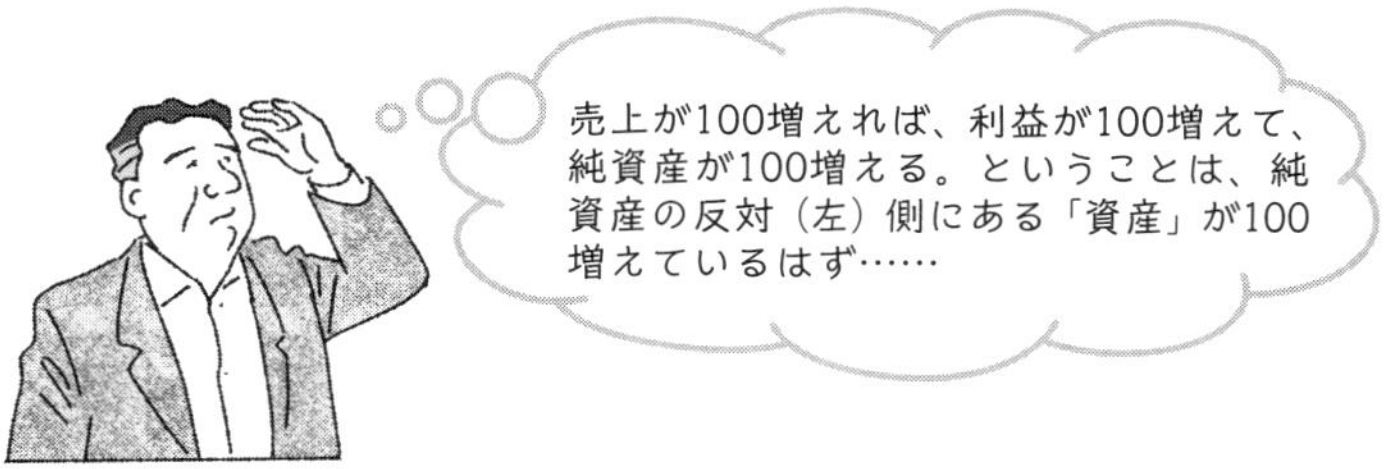
売上が100増えれば、利益が100増えて、純資産が100増える。ということは、純資産の反対（左）側にある「資産」が100増えているはず……

①売上高（収益）が100円増える

②収益が100円増えて、利益が100円増える

③利益が100円増えて、純資産が100円増える

④純資産が100円増えて、売掛金（資産）が100円増える

決算書を「止まったもの」として見るのではなく、「動いているもの」として見ることは大きな前進でした。それを繰り返していくうちに、「自分は決算書を読めている」と自信をもてるようになったからです。

ですから、みなさんにも簿記3級の勉強に、このイメージトレーニングをぜひ取り入れてみてほしいのです。

簿記3級のテキストには様々な仕訳が出てきますが、**「どういう仕訳をすればよいか」という発想で終わらず、「この取引によってBSとPLがどう変化するか」を考えてみてください。**

38〜40ページにBSとPLが変化するイメージを図にまとめたので、この動きをチェックしてみましょう。チェックするときに注意する点は次の3つです。

> **①どの場合も、PLの利益とBSの純資産の増減は一致する**
> **②取引によって、PLの数値が動くものと動かないものがある**
> **③キャッシュ（現金）が動くものと動かないものがある**

この図の意味がまったくわからないという方は、入口段階の知識に課題があります。本書を繰り返し読むことで知識の不足部分を把握し、簿記3級のテキストに向き合ってみてください。

はじめのうちはイメージしにくいかもしれませんが、個々の仕訳を試算表と結び付けて考えていれば、だんだんＰＬ、ＢＳのカラクリがわかってくるはずです。

こうやって身に付けた力は、あらゆる場面で応用がききます。決算書から「お金の動き」を読めるようになることはもちろん、キャッシュフロー計算書も理解できるようになり、**苦手だった銀行との交渉も自信をもって行なえるようになります。**

これで決算書が読める！　イメージトレーニングの例①　（　）内は簿記の仕訳

(1) 100円を売り上げ、代金を現金で受け取った（現金100／売上100）

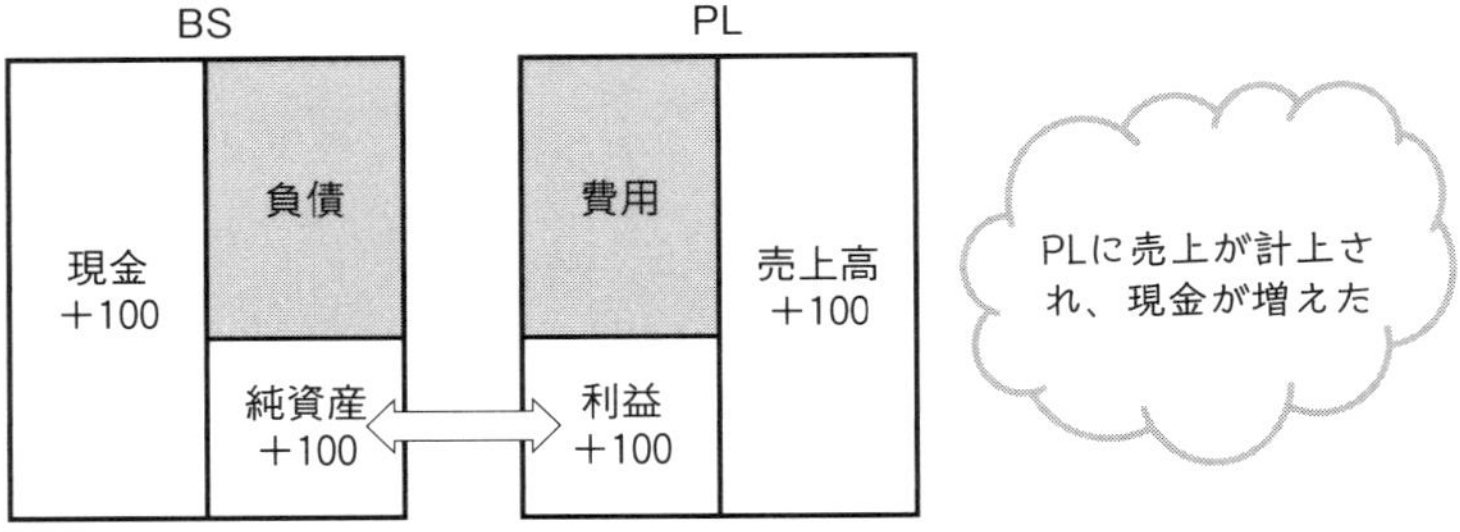

(2) 売掛金100円を現金で回収した（現金100／売掛金100）

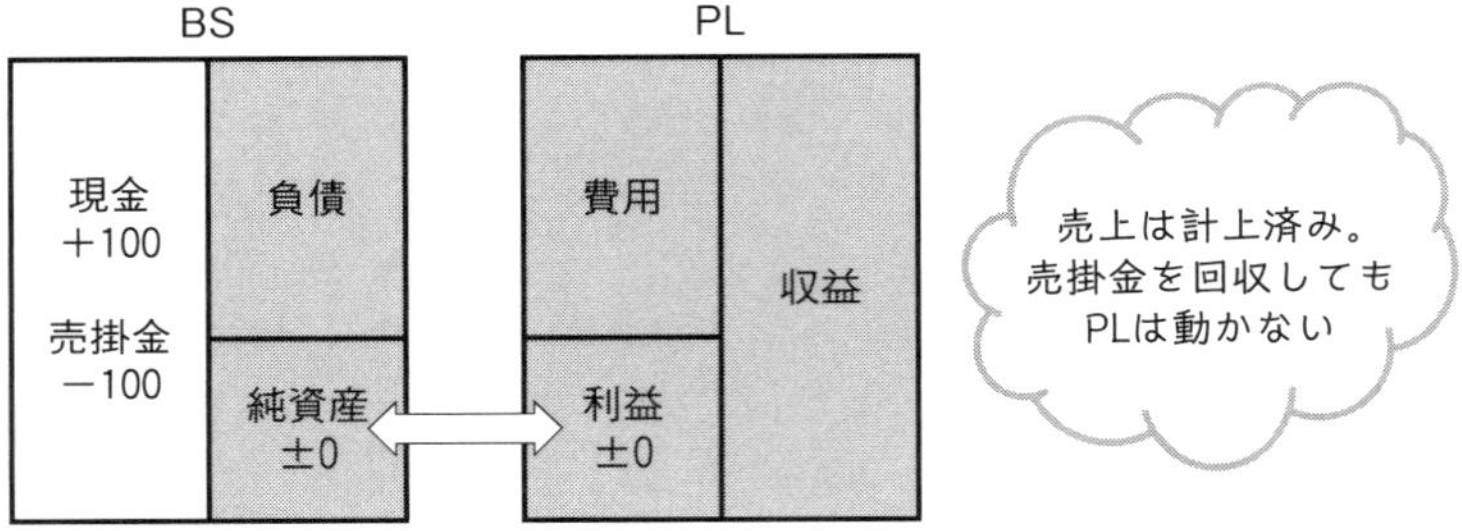

(3) 商品100円を仕入れ、代金は現金で支払った（仕入100／現金100）

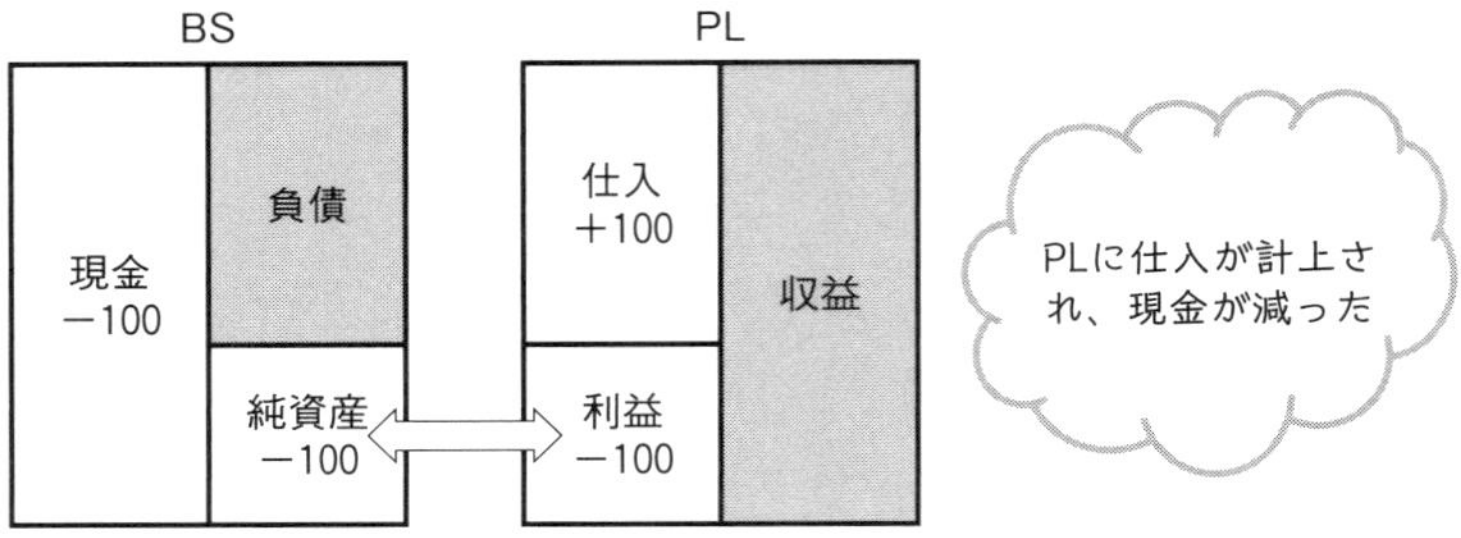

これで決算書が読める！　イメージトレーニングの例②　（　）内は簿記の仕訳

(4) 商品100円を仕入れ、代金は掛とした（仕入100／買掛金100）

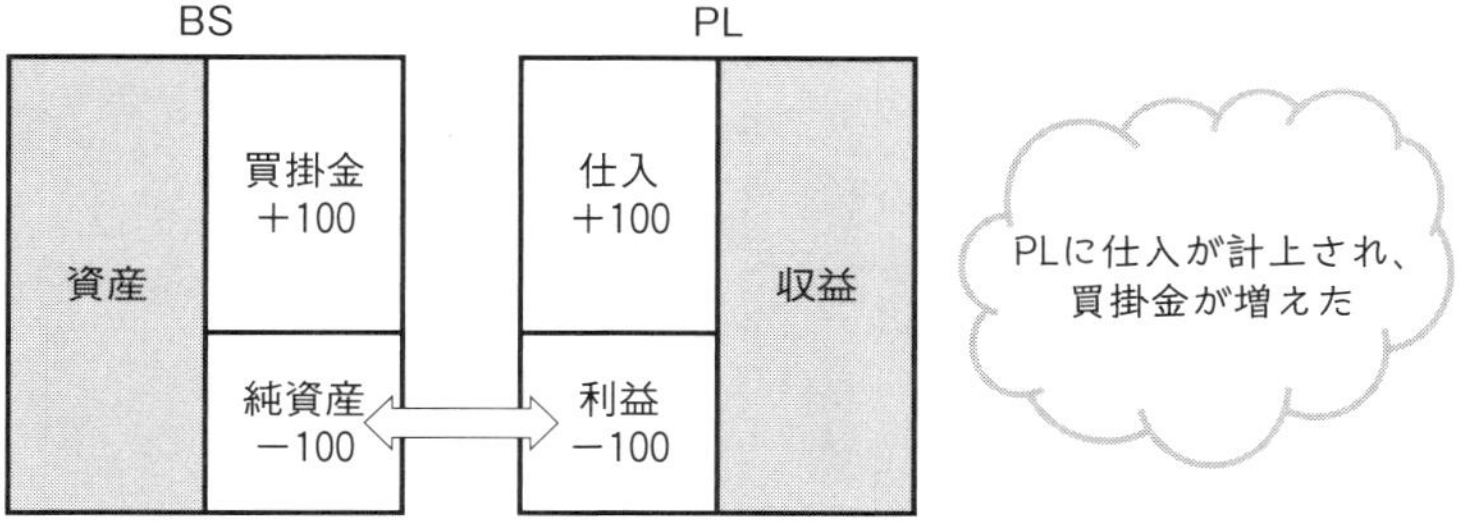

(5) 買掛金100円を現金で支払った（買掛金100／現金100）

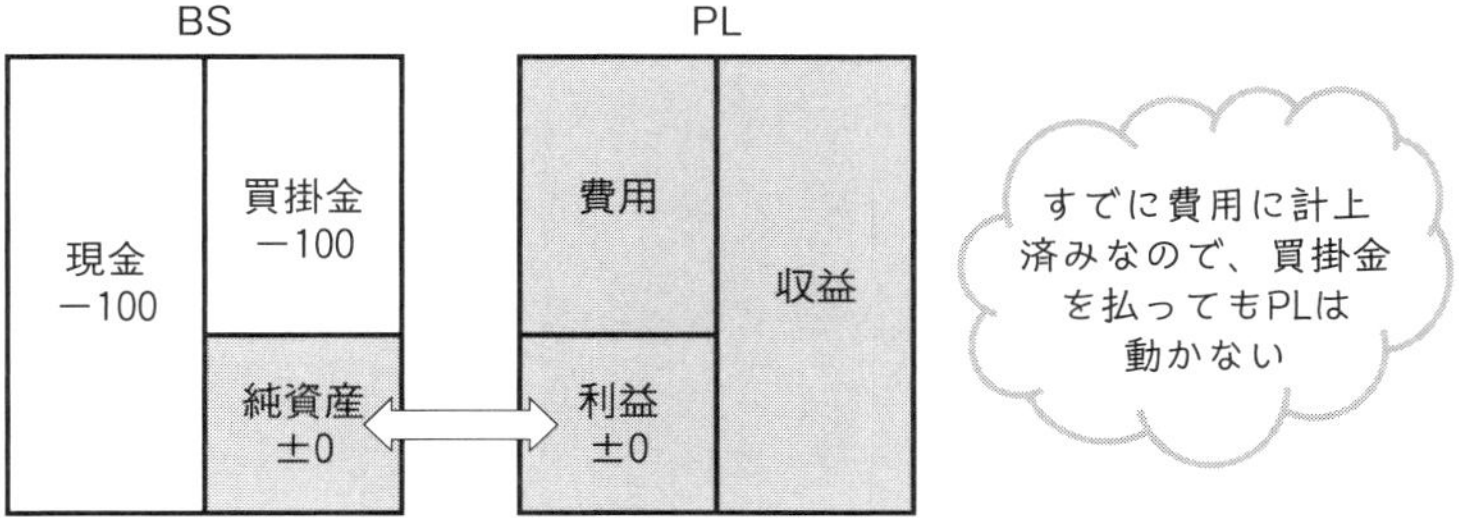

(6) 文房具100円を購入し、代金は現金で支払った（消耗品費100／現金100）

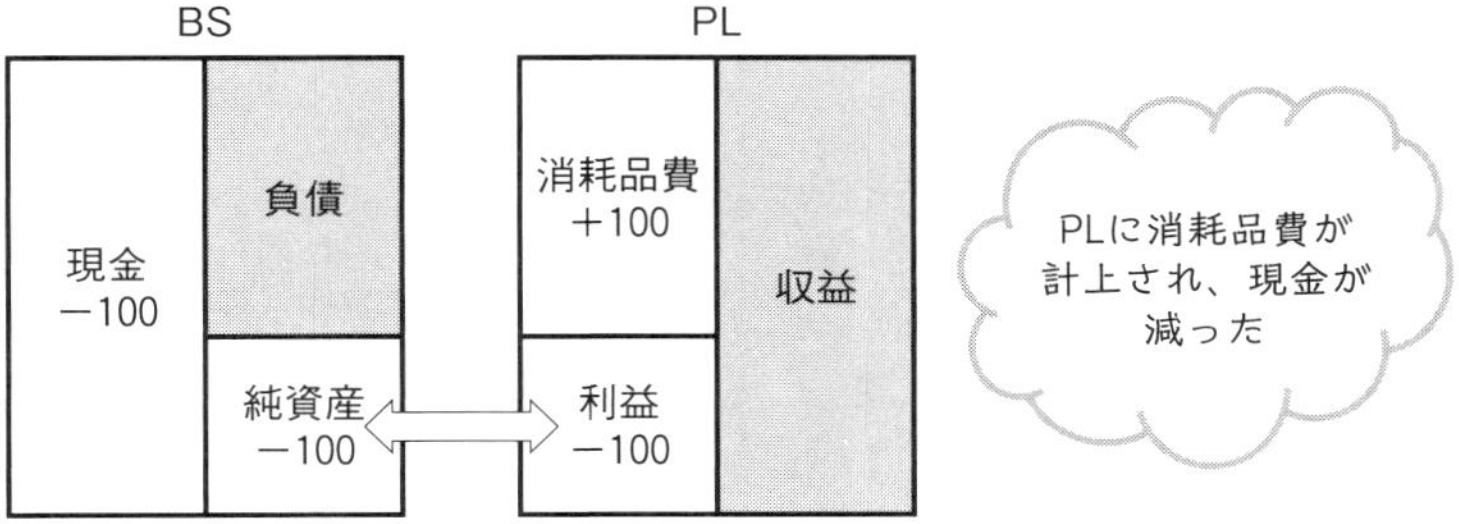

これで決算書が読める！　イメージトレーニングの例③　（　）内は簿記の仕訳

(7) 銀行から100円借りた（現金100／借入金100）

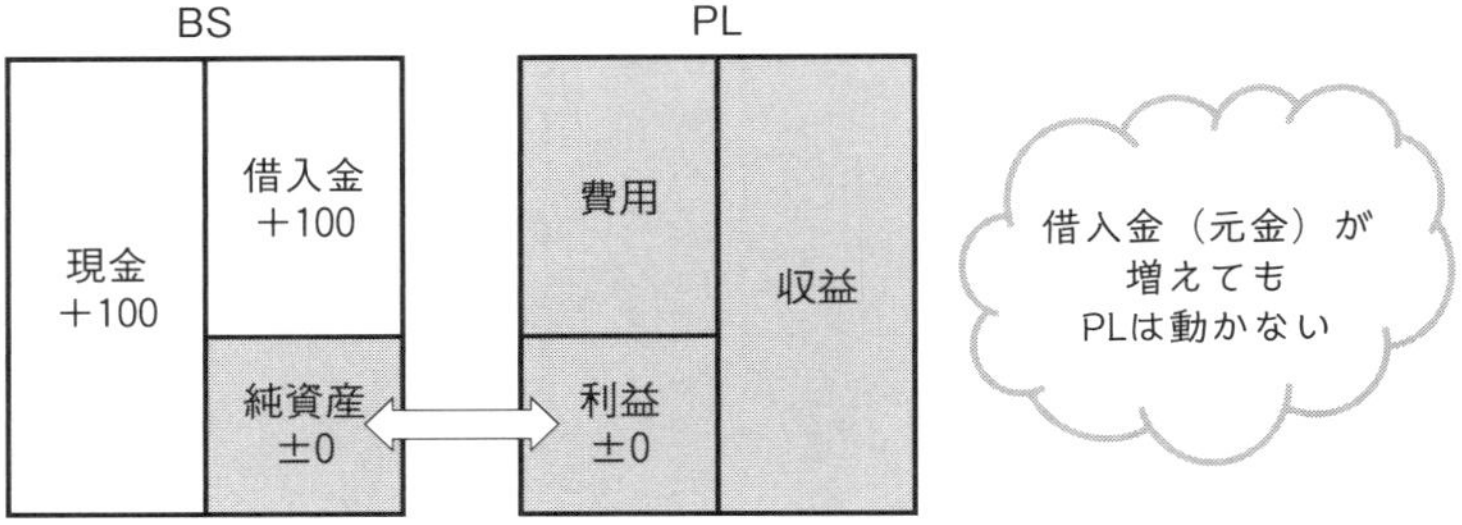

(8) 借入金の元金100円を返した（借入金100／現金100）

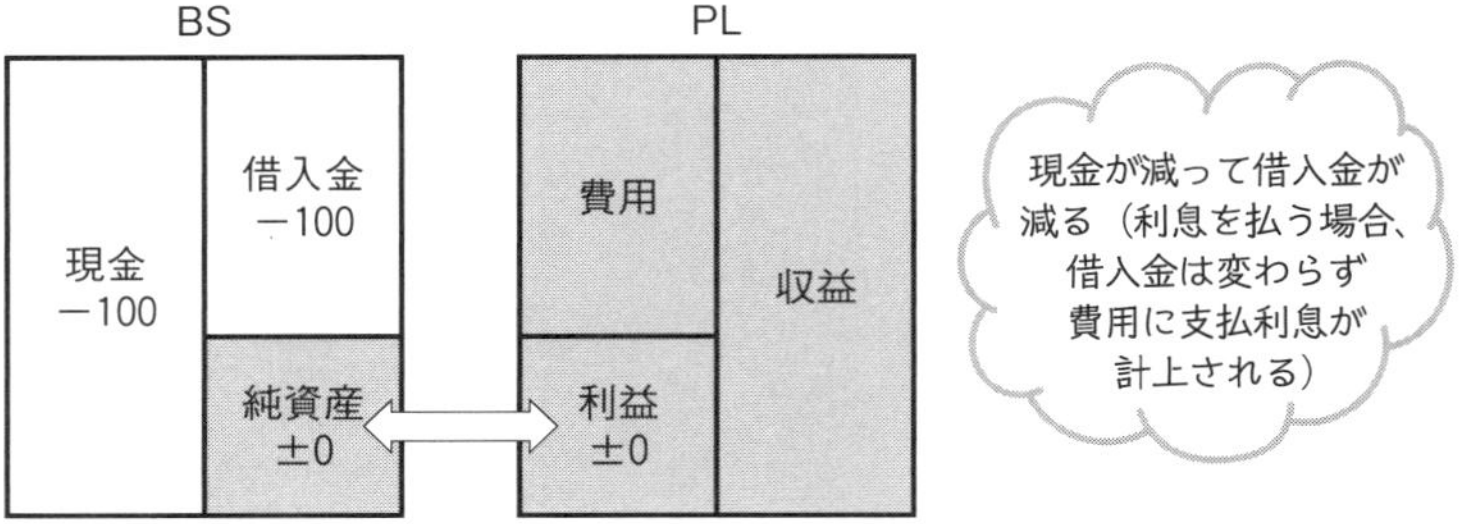

(9) 建物について減価償却を100円行なった（減価償却費100／建物100）

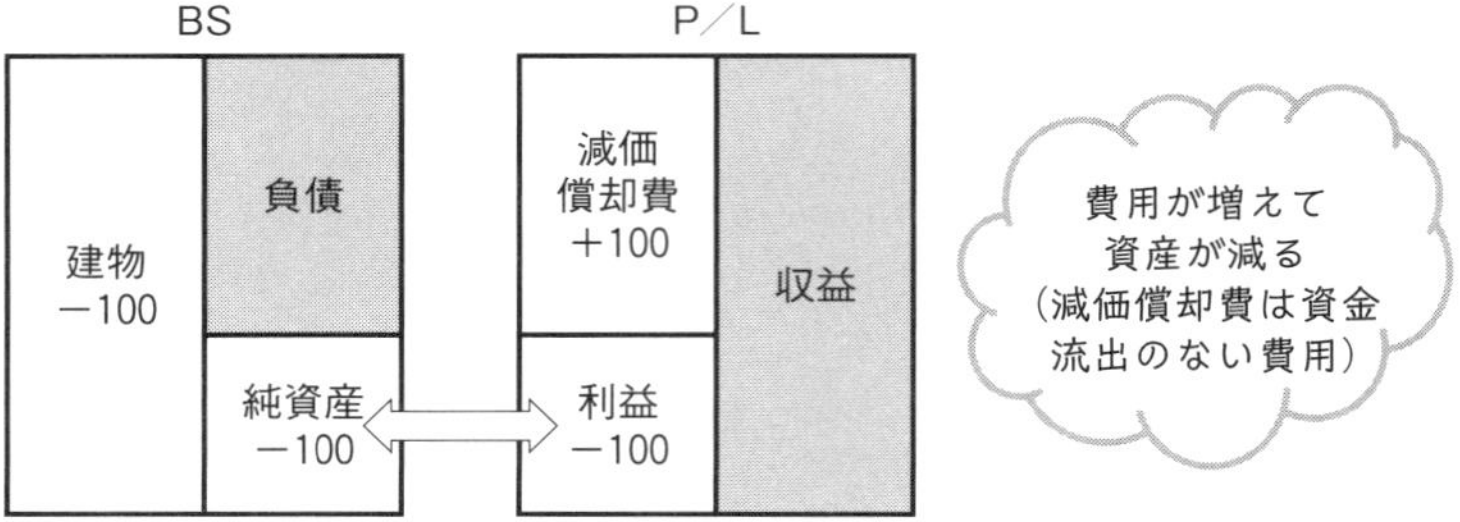

第 2 章

会社の「お金の動き」を効率的にチェックするポイント

1期分のBSから読み取るべきポイント

手はじめに1期分のBSを見つめてみよう

社長にとって貸借対照表（BS）は、損益計算書（PL）に比べると親しみにくい資料です。

「1年間の稼ぎ」が記載されているPLと違って、BSに書いてある数字は「決算日時点の残高」。この数字からは成果や手応えを感じにくく、財務体質がよいとか悪いとかいう話もなかなかピンときません。

ところが、**不思議なことに**、**決算書の読み方がわかってくると、BSの数値のほうが気になるようになります**。私も、会社の決算書を見るときは、PLよりBSを先にチェックします。決算書に慣れている人は、BSを先に読むはずです。

このBSからアナタは何が読み取れますか？

（百万円）

科目		前期	科目		前期
	現預金	20		買掛金	40
	売掛金	30		未払費用	10
	棚卸資産	100	流動負債		50
流動資産		150		長期借入金	120
	建物設備	40	固定負債		120
	土地	10	負債計		170
	貸付金	10		資本金	10
				利益剰余金	30
固定資産		60	純資産		40
資産合計		210	負債・純資産合計		210

ここでは、なぜBSがそれほど重要なのかを、順を追って説明していきます。

BSの読み方には、「1期分の読み方」と「2期分を比べる読み方」があります。

まずは、1期分のBSから何を読み取れるかを考えてみましょう。

上表に示したBSを、しばらく眺めてください。

そして、このBSからどんなことがいえるかを考えてみてください。

さて、何か読み取れましたか？

その答えの前に、そもそもBSが何を表わしているかを確認しておきましょう。

BSが表わしていること

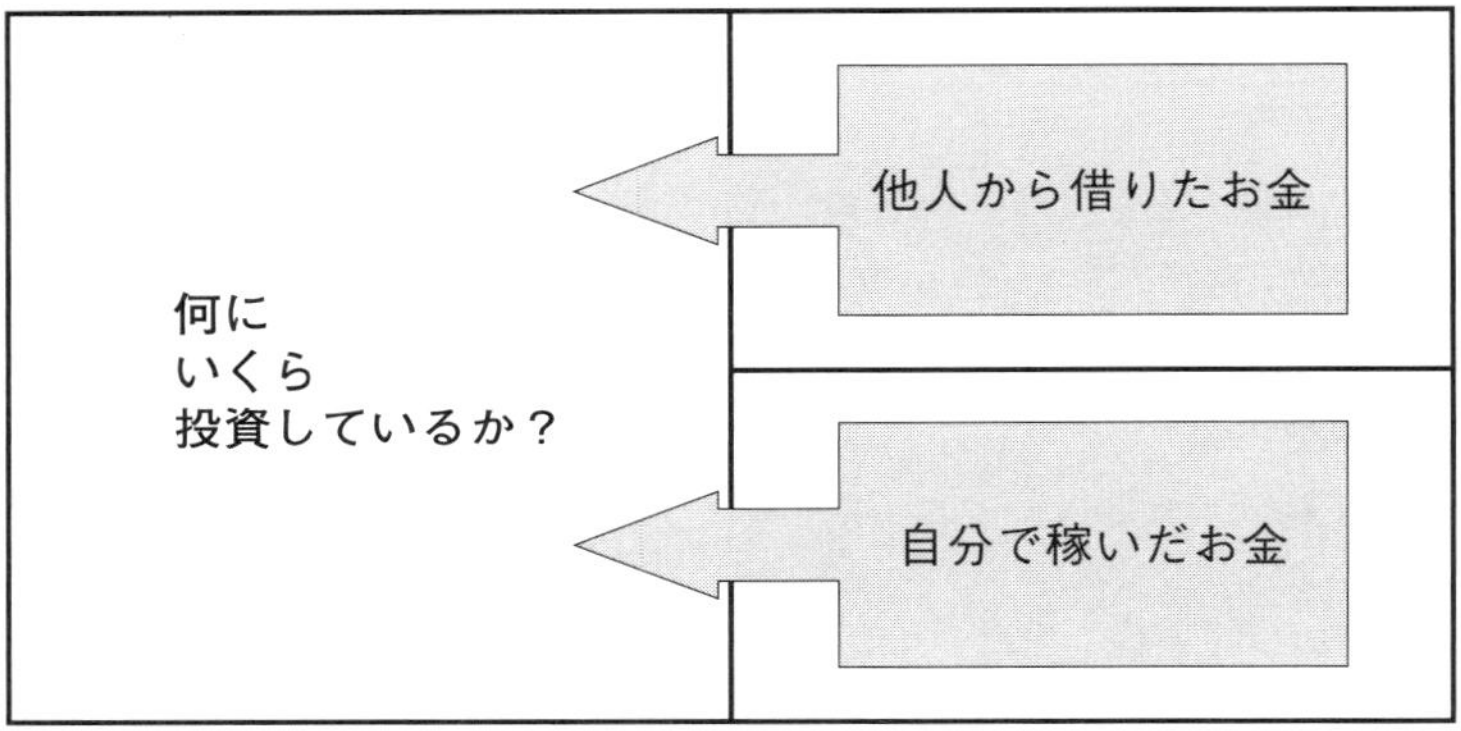

ＢＳには、**「右側に集めたお金、左側に使ったお金」**が記載されています。したがって、**ＢＳは右から左に読むのが基本です。**

右上にある負債は「他人資本」。要するに、他人から借りたお金です。

負債には、買掛金や借入金などがありますが、これらはいずれも他人から借りたお金なので、返済が必要です。

右下の純資産は「自己資本」を表わします。その名のとおり、自分のお金なので返済は不要です。

純資産は、主に、株主が出資した「資本金」と、ＰＬで計上した利益をため込んだ「利益剰余金」で構成されます。

他人資本と自己資本では、自己資本が多く、他人資本が少ないほうが有利です。

もう一度、さっきのBSを見てみましょう！（百万円）

科目	前期	科目	前期
現預金	20	買掛金	40
売掛金	30	未払費用	10
棚卸資産	100	流動負債	50
流動資産	150	長期借入金	120
建物設備	40	固定負債	120
土地	10	負債計	170
貸付金	10	資本金	10
		利益剰余金	30
固定資産	60	純資産	40
資産合計	210	負債・純資産合計	210

一方、**左側の資産は、集めたお金を何にいくら投資した（使った）かを表わします。ここがBSを読むときの重要チェックポイントです。**

上表では、負債で170百万円、純資産で40百万円、計210百万円を集め、他方、資産では棚卸資産（在庫）の金額が100百万円と圧倒的に多くなっています。

集めたお金の半分近くを在庫に使っているわけですから、これは明らかに問題です。

BSの右と左を見比べてください。棚卸資産が、長期借入金が多い原因になっていることがわかりますか？　在庫がもっと少なければ、この長期借入金は減らせるのです。

BSを読むときは、こんなふうに借金と資産

をひも付けてみてください。それで問題点がわかります。銀行員もまさにこういう見方をします。

資産は、「事業のための投資」であると同時に「借金の原因」でもあります。したがって、**同じ利益をあげるなら、資産は少なければ少ないほど有利なのです。**

少ないほうがよいという理屈は、土地や建物も同じです。

たとえば、必要以上に豪華な自社ビルを購入して、売上が伸びなければ、借金が返せなくて資金繰りが悪化するだけですよね。

新規の投資は、売上や利益の伸びが期待できるもの、たとえば、新製品とか店舗、生産設備などに絞って行なうべきです。売上に影響しない事務所ビルのようなものは、別に古くたってよいのです。

ただし、資産の中でも現金だけは例外です。現金はいつでも資金繰りに使えるからです。「無借金経営になって、さらにお金が余る」というところまで増やせばよいのです。

現金以外の資産は「負債の原因」と見て、できるだけ少なくする——。ＢＳはこのような意識をもって読めばＯＫです。

BSは2期分並べることで「重要資料」になる

BSの比率は役に立たない

決算書の読み方の1つとして、決算書の数字からいろいろな財務比率を計算する「財務分析」があります。

比率を計算すると、決算書のことがわかったような気になりますが、じつはここに落とし穴があります。**特にBSは、比率で分析しても、ほとんど経営の役に立ちません。**

会社の安全性を見る代表的な財務比率に「流動比率」があります。これは、1年以内に支払期限が到来する流動負債に対し、1年以内に現金化される流動資産をどのくらいもっているか、という指標です。

計算式は、「流動資産÷流動負債」です。一般にこの数値が200%以上になっていると支払い能力が高い、つまり、資金繰りが安定していると判断されます。

では、43ページに掲載したBSの流動比率を計算してみましょう。

なんと、300%（流動資産150百万円÷流動負債50百万円）もあります。この数字を見る限り、超優良企業です。

しかし、それって本当でしょうか？

もちろん、違います。**じつは、流動比率は、中小企業の安全性を見るのに、まったくといってよいほど使えない比率なのです。**

事実、私は流動比率が200%以上で倒産したり、銀行返済のリスケジュールをする会社をいくつも見てきました。

ここでは、流動比率の詳細には立ち入りませんが、この比率がアテにならないのは、実際の「お金の動き」を反映していないからです。1期分のBSに記載されている数字は「残高」であって、「お金の動き」ではありませんよね。

社長には、このような財務比率に惑わされず、実数を直視してもらいたいと思います。「いけない！　在庫が1億円分も残っている！」と危機感を感じるような読み方をしてください。

実数から、直接、何かを感じ取る――。これが正しいBSの読み方です。

2期分のBSから読み取れることは何か

1期分のBSに載っている数字は「残高」です。社長にとって最も重要な「お金の動き」を表わしません。

そこで、2期分のBSを横に並べてチェックします。これによって、BSからお金の動きを読むことができます。

社長にとってあまり面白くないBSが、2期分並べることによって、PLに勝るとも劣らない「重要資料」に変わってくるのです。

それでは、43ページに掲載したBSの会社について、前々期のBSを加えて「お金の動き」を見ていきましょう。

2期分のBSから何が読み取れるか

（百万円）

科目	前々期	前期	科目	前々期	前期
現預金	60	20	買掛金	40	40
売掛金	30	30	未払費用	10	10
棚卸資産	40	100	流動負債	50	50
流動資産	130	150	長期借入金	110	120
建物設備	50	40	固定負債	110	120
土地	10	10	負債計	160	170
貸付金	0	10	資本金	10	10
			利益剰余金	20	30
固定資産	60	60	純資産	30	40
資産合計	190	210	負債・純資産合計	190	210

40百万円も減少。このままでは危ない？

60百万円も在庫を買い増している！

誰かにお金を貸している！

銀行から追加で借りた

まず、現預金をチェックしてみます。なんと前々期から40百万円も減っているではありませんか。**この調子で現金が減り続けたら、あっという間に倒産です**（先ほど、流動比率で見たら超優良企業だったことがウソのようです！）。

棚卸資産は60百万円も増えています。要は「60百万円払って在庫を買った」ということ。現金が減った最大の原因が在庫にあることは間違いありません。

さらに貸付金が10百万円増えています。こんな大変なときに、一体、誰にお金を貸したのでしょう。これも現金が減った原因です。

負債を見ると、長期借入金が10百万円増えています。これは銀行から新たに借入をしたということです。

借金を増やして現金を減らしたわけですから、まさに最悪の1年といってよいのではないでしょうか。

このようにBSを2期分並べると問題がリアルに迫ってきます。

まず、「現金の増減に着眼」し、その原因を他の勘定科目に求めるアプローチです。**BSから直接キャッシュフローを読み取るイメージ**ですね。**これができる人は、銀行から「数字がわかっている社長」として評価されます。**

BSを2期分、見比べているだけで、そんなに難しいことをやっているわけではありませんが、勘定科目に慣れていないと最初はちょっと戸惑うかもしれません。

そういう方は、この本や簿記3級の教材を通じて、「勘定科目の増減の意味」を考えるようにしてください。

決算書の全体像を理解しよう

BSの純資産の増減は何を示しているか

前項の2期分のBSで、利益剰余金が10百万円ほど増えていたことにお気づきでしょうか。

この10百万円はどこからやってきたのか？　ここでようやく損益計算書（PL）の登場です。

次ページ表のとおり、前期PLで計上した当期純利益（10百万円）は、前々期の利益剰余金（20百万円）に加算され、前期の利益剰余金（30百万円）になっています。**PLの利益が利益剰余金にため込まれ、BSの純資産を引き上げる形**です。

繰り返しますが、PLの当期純利益とBSの利益剰余金はつながっています。また、P

PLとBSのつながりをチェック

（百万円）

	前期
売上高	500
売上原価　ー）	350
売上総利益	150
人件費	60
その他販管費	65
減価償却費	10
販売管理費　ー）	135
営業利益	15
営業外収益　＋）	5
営業外費用　ー）	5
経常利益	15
税引前利益	15
法人税等　ー）	5
当期純利益	10

科目	前々期	前期	科目	前々期	前期
現預金	60	20	買掛金	40	40
売掛金	30	30	未払費用	10	10
棚卸資産	40	100	流動負債	50	50
流動資産	130	150	長期借入金	110	120
建物設備	50	40	固定負債	110	120
土地	10	10	負債計	160	170
貸付金	0	10	資本金	10	10
			利益剰余金	20	30
固定資産	60	60	純資産	30	40
資産合計	190	210	負債・純資産合計	190	210

PLからBSへ利益をため込む

Lは前期の数値、BSは前期の増減値と、どちらも前期の動きを示し、「期間」がリンクしている点にも注意してくださいね。

PLで利益をあげ、純資産に利益をため込むことは、自己資本（自分で稼いだ返済の要らないお金）を増やすこと、すなわち「**自力で資金調達する**」ということです。

BSの「固定負債」を見ると「長期借入金」が、110百万円から120百万円に増えていますね。

資金調達という意味では、この長期借入金が増えたのと利益剰余金が増えたのは同じことなのです。

ただ、違うのは、「自分のお金」か「他人のお金」かだけ。そういうふうに理解してください。

なお、純資産に利益をため込むことは、会社内部に利益を留保することになるので**「内部留保」**と呼ばれます。この言葉も覚えておきましょう。

ＰＬ、ＢＳが表わす企業の活動

ＰＬとＢＳが、企業の活動をどう表わしているかをまとめたのが次ページの図です。

①企業の活動は、ＢＳの右側（負債と純資産）で資金を調達するところからはじまる
②そうやって集めたお金をＢＳの左側（資産）に投資する
③資産に投資を行なうことにより、ＰＬに売上が計上される
④売上から費用を払った残りがＰＬの利益になる
⑤ＰＬの利益が、ＢＳの純資産（利益剰余金）にため込まれて、次の投資が行なわれる

PLとBSが表わす企業の活動

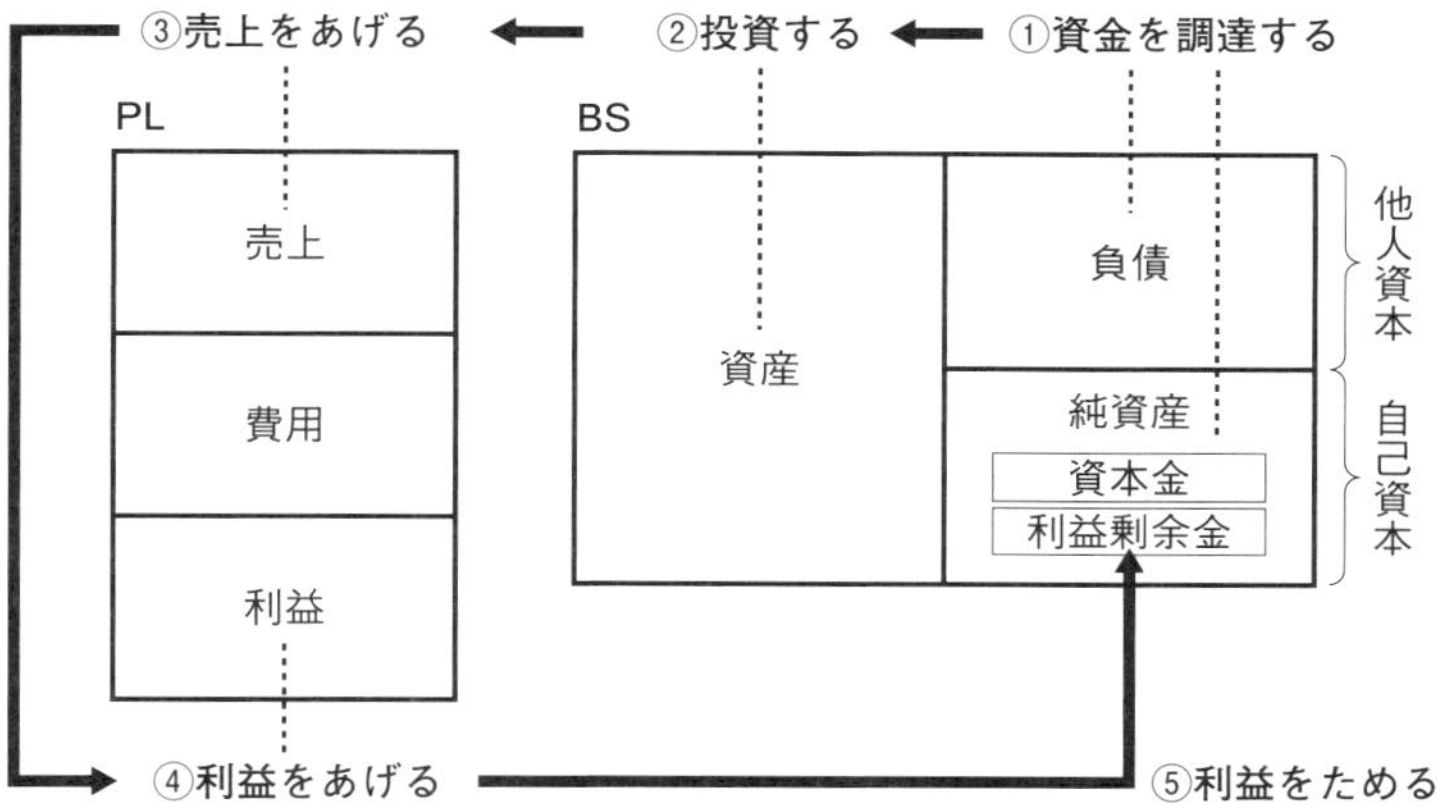

①資金を調達する

企業の活動はBSの右側で資金を調達することからはじまる

②投資する

調達したお金をBSの左側（資産）に投資する

③売上をあげる

資産に投資を行なった結果としてPLに売上が計上される

④利益をあげる

売上から費用を払い、残りがPLの利益になる

⑤利益をためる

PLの利益はBSの利益剰余金にため込まれ、次の投資が行なわれる

このように「お金が循環している」と見るわけです。

ここでもポイントになるのは「ＰＬとＢＳのつながり」です。ＰＬの利益とＢＳの利益剰余金の部分だけでなく、**「投資をして、売上をあげる」というところにもＰＬとＢＳとのつながりを見出せます。**

たしかに、売上は、在庫を持ったり設備を買ったりしないと伸ばせませんよね（本書では触れませんが、ＲＯＡとか回転率といった財務指標は、すべてこの図の考え方がベースになっています）。

以上のようにＰＬとＢＳをとらえると、全体像がかなりつかめてくるはずです。

第3章

銀行は決算書をどう読んでいるか〈ＰＬ編〉

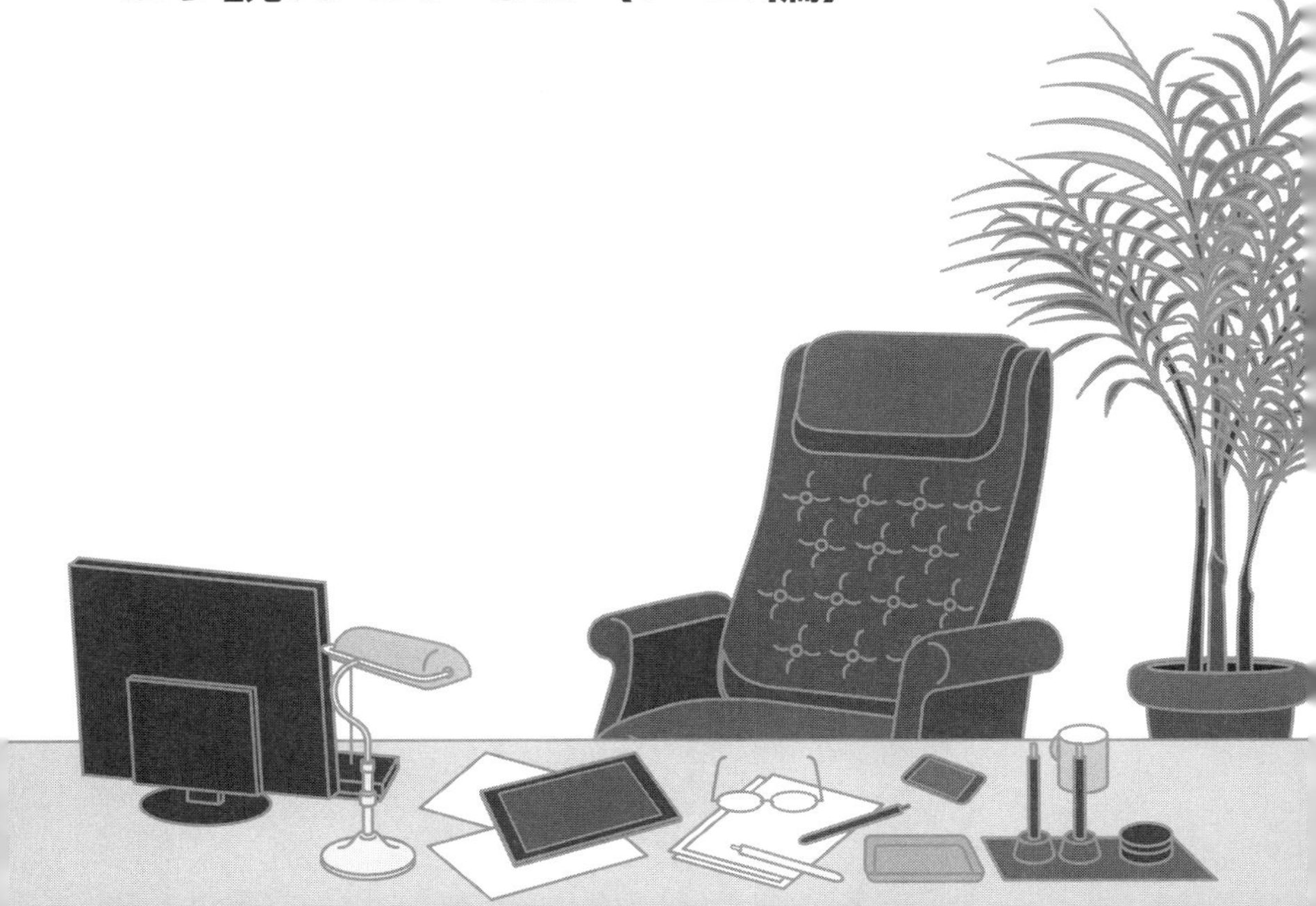

決算書について銀行は本音を語らない

銀行が行なう決算書の読み方は、一般的な財務分析と違い、企業の実質的な返済力や資金繰りを見抜こうとする特殊なものです。第3章〜第4章では、銀行の決算書の読み方を、できるだけ詳しく解説してみたいと思います。

説明の都合上、「銀行（員）はこう考える」という書き方をしますが、私自身は銀行の出身ではありません。内容には私の現場経験に基づく「推定」が含まれていることをあらかじめお断りしておきます。

また、銀行には、信用金庫、信用組合、政府系金融機関なども含みます。金融機関の決算書の読み方には、ある程度、お決まりのパターンがあります。**ある金融機関が「悪い」という決算書を、他の金融機関が「よい」ということは、まずない**のです。

こうした金融機関に共通する点を中心に、中小企業の社長にぜひ知っておいてもらいたいポイントを解説します。

銀行の態度は、ある日突然、変わる

都内の資産家の社長とメガバンクを訪問し、決算説明を行なったときの話です。相手をしてくれたのは副支店長でした。

私が決算書の問題点を説明すると、「ああ、なるほど、それはそれは」と曖昧に反応し、「でも社長、相変わらずお元気ですね。今度、御社のレストラン、うちの支店で使わせてください」と社長のご機嫌をとってきます。

なんだかヘンな対応だなあと思っていたら、その数日後、「社長、遺言信託は当行にお任せください！」と営業がありました。

笑みを絶やさないが、提出された決算書については本音を語らない。銀行員の対応は、どこに行っても、だいたいこんな感じです。

普通の営業マンと違い、銀行員の立ち位置は微妙です。おそらく、「余計なことを言って、あとで揚げ足を取られたくない」という気持ちが強いのだと思います。

最近は、昔に比べて決算書をきちんと読める銀行員が減っているという話も聞きますが、いずれにせよ、会社にとっては有り難くない話です。なぜなら、銀行との付き合いでは、

銀行に手のひらを返されるというリスクが常につきまとうからです。

銀行の貸出態度は、その時々の状勢に応じて変化します。それまで何も言っていなかったのに、急に「財務体質に問題がある」「返済条件に難がある」と言い出して、融資に応じてくれなくなることもあります。

銀行の態度が変わるタイミングで一番多いのは人事異動でしょう。「支店長（あるいは担当者）が変わったとたん、手のひらを返したように態度が冷たくなった」とボヤく中小企業の社長は少なくありません。

銀行の〝手のひら返し〟への最大の防御策は、彼らがどのように決算書を読むのか、その概略を知り、備えておくことです。

銀行が何を問題視するのかがわかっていれば、事前に手を打つことができます。逆に、知らなければ何もできません。

銀行の手のひら返しには、知識で対応することができるのです。

銀行が特に重視する5つのポイント

銀行員の読み方は、教科書に書いてある「財務分析」とは違う

中小企業の決算書には、融資を引き出すために利益を過大にしたものもあれば、節税のために利益を過少にしたものもあります。このような意図的なものではなくても、費用が正しくなかったり、勘定科目が間違っていたりすることが珍しくありません。

このため、**銀行員は「記載された数字は信用できない」という前提で、提出された決算書に向き合います**。数字を信用していないので、財務比率には、あまり価値を置きません。それよりも、もっと具体的な情報で状況を把握しようとします。

たとえば、決算書の後ろに付いている勘定科目内訳書をめくって、売掛金の相手先が誰で、金額がどう動いているかをチェックし、得意先別の売上動向、売掛金の回収状況、架

空売上の有無などを把握しようとします。

読み方は、加点主義ではなく減点主義です。たとえば、BSに計上される貸付金や仮払金などは、ほぼすべて資金流出が疑われる〝怪しい資産〟と考えます。

このように、銀行員の決算書の読み方は、財務比率で収益性や安全性を分析する財務分析とは、かなり異なります。

銀行が特に重視するポイント

銀行が、特に重視していると思われるのは次ページ表に示した5つの点です。

PLのポイントは、⑴**本業の利益**です。銀行は、本業以外の利益、たとえば、株を売って得たような利益はほとんど評価しません。

BSでは、中身のともなっていない資産を控除した「実態バランスシート」に基づく⑵**債務超過の有無**が最大のポイントになります。銀行は債務超過の会社には原則、融資を行ないません。

貸したお金を最後まできちんと返してくれるかどうかを判断するうえで、⑶**資金繰り**も重要になります。銀行は、PLとBSの動きから、資金繰りの状況を推定しようとします。

また、⑷**返済力**について、他の金融機関からの資金調達余力や社長の個人資産など、決

銀行が重視する５つのポイント

(1) 本業の利益	銀行は、地に足のついた本業の利益を基本的な返済力とみなす
(2) 債務超過の有無	銀行は、中身のともなっていない資産を控除した「実態バランスシート」で債務超過の有無を判定する
(3) 資金繰り	現金は粉飾できないことを知っている銀行は、PLとBSの動きから資金繰りの状況を推定する
(4) 返済力	銀行が返済力とみなすのはPLの利益だけではない。様々な角度から実質的な返済力をチェックする
(5) 成長性	銀行が融資したいと考えるのは、事業内容に成長が見込める会社

算書の数値に直接表われない実質的な返済力をチェックします。

既存事業が衰退する企業が多いなか、銀行は、事業内容の(5)**成長性**も重視しています。市場動向などの情報と合わせ、売上と利益の伸びをチェックします。

以上の点を踏まえたうえで、ここから先、「銀行の決算書の読み方」を、より具体的に説明していきます。

事例として、A社（卸売業）の決算書を用意しました。

まず、64～65ページに掲載した2期分の決算書を5分くらい眺めてみましょう。そして、銀行がA社への融資に応じるかどうかを、アナタなりに考えてみてください。

A社の損益計算書（PL）

（百万円）

科目	2014年	2015年
売上高	420	408
売上原価　　　ー）	340	316
売上総利益	80	92
人件費	45	48
交際費	3	3
運賃荷造費	4	7
地代家賃	5	5
減価償却費	6	5
その他販管費	15	20
販売管理費　　　ー）	78	88
営業利益	2	4
営業外収益　　　＋）	3	8
営業外費用　　　ー）	3	4
経常利益	2	8
特別利益　　　＋）	0	10
特別損失　　　ー）	0	0
税引前当期純利益	2	18
法人税等　　　ー）	0	3
当期純利益	2	15

→ ①「売上高」はどう読まれるか
66ページ

→ ②「売上原価」「売上総利益」はどう読まれるか
72ページ

→ ③「販売管理費」「営業利益」はどう読まれるか
78ページ

→ ④「営業外損益」「経常利益」はどう読まれるか
88ページ

→ ⑤「特別損益」「税引前利益」「法人税等」「当期純利益」はどう読まれるか
92ページ

〈損益計算書の基本的な読み方〉

損益計算書は、上から順番に読むのではなく、売上高と利益だけをざっとみて、黒字か赤字かをチェックし、そのうえで各項目の詳細を見ていきます。金融機関が特に重視する利益は、通常の事業活動による利益を示す「経常利益」です。

A社の貸借対照表（BS）

（百万円）

	科目	2014年	2015年	科目	2014年	2015年	
⑦	現預金	60	28	買掛金	70	80	
	売掛金	60	60	未払費用	10	10	
⑧	棚卸資産	70	102	仮受金	5	5	⑩
	仮払金	0	5	流動負債	85	95	
	流動資産	190	195	役員借入金	10	0	
	建物・車両	50	45	長期借入金	140	130	⑪
	土地	30	30	固定負債	150	130	
	差入保証金	10	10	負債計	235	225	
⑨	貸付金	0	5	資本金	10	10	
	固定資産	90	90	利益剰余金	40	55	⑥
	繰延資産	5	5	純資産	50	65	
	資産合計	285	290	負債・純資産合計	285	290	

⑥「純資産」はどう読まれるか　98ページ
⑦「現預金」はどう読まれるか　102ページ
⑧「流動資産」はどう読まれるか　106ページ
⑨「固定資産」「繰延資産」はどう読まれるか　112ページ
⑩「流動負債」はどう読まれるか　118ページ
⑪「固定負債」はどう読まれるか　122ページ

〈貸借対照表の基本的な読み方〉

貸借対照表は、右側でお金を集め、左側でお金を使う、という形になっているので、その流れを意識して読みます。金融機関が、一番、最初にチェックするのは債務超過の有無がわかる「純資産の部」です。

「売上高」はどう読まれるか

重視されるポイントは「直近3〜5年程度の推移」

A社の2015年の売上高は、2014年の420百万円から408百万円に約3％ダウンしています（次ページ表参照）。

じつは、この2期分のデータだけでは、銀行が2015年の売上ダウンをどのように判断するか、はっきりわかりません。**銀行は売上の良し悪しを「直近3〜5年程度の推移」を見て判断する**からです。

もしA社の過去の売上を振り返ってみて、減収（売上の減少）が続いているようであれば、2015年の3％ダウンは確実に厳しい評価となるでしょう。

逆に、増収（売上の増加）を続けてきたなかでの3％ダウンであれば、さほど問題視さ

PL「売上高」

（百万円）

科目	2014年	2015年
売上高	420	408

増収、減収に対する銀行の評価

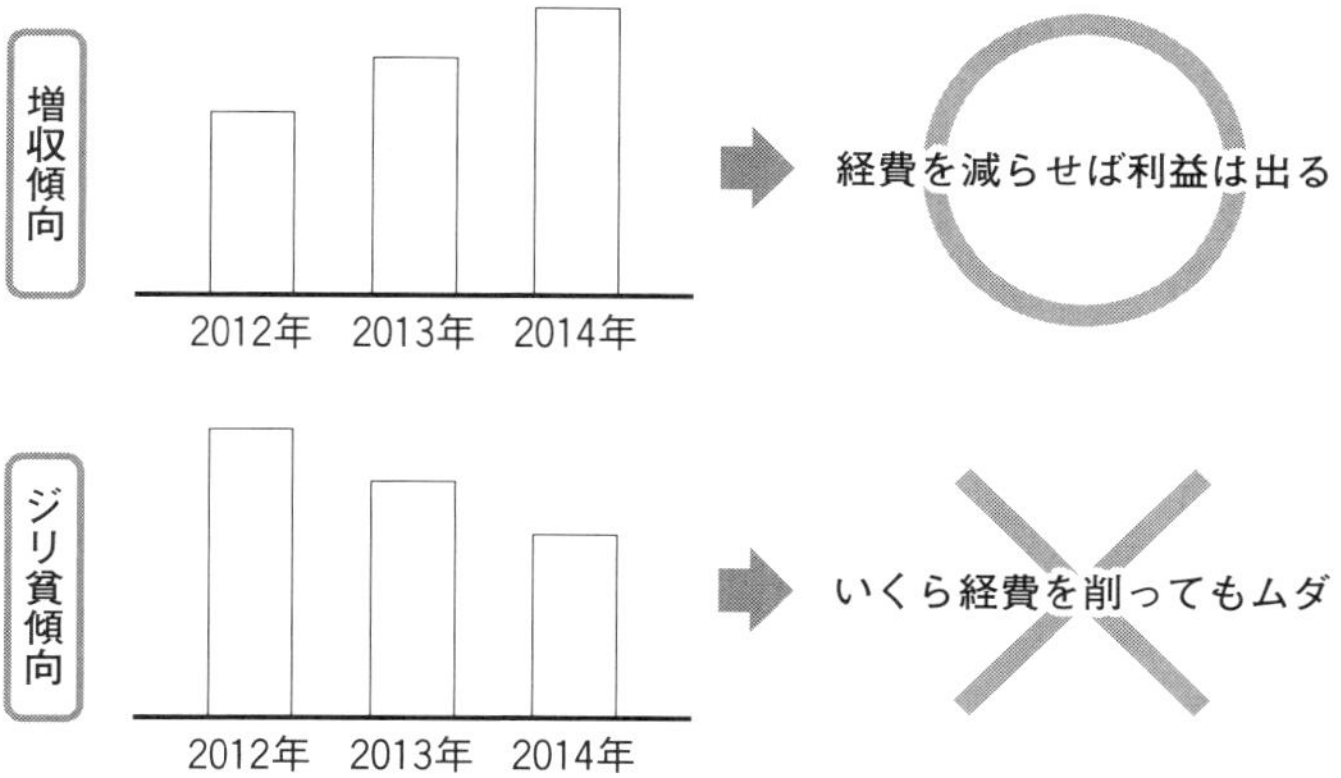

れない可能性もあります。

そのくらい**「推移」が重要**ということです。

上図はそれを示したものになります。

売上が伸びている会社については、現時点であまり利益が出ていなくても、「そのうち利益もあがってくるだろう」といった楽観的な見方に傾きやすくなります。

なぜなら、売上を伸ばすことよりも、経費を削ることのほうが簡単だからです。シンプルに考えれば、「売上が伸びている会社」＝「利益を期待できる会社」なのです。

ちなみに、銀行員は、売上のことをよく「トップライン」と呼びます。売上が損益計算書の一番上に書いてあるからですが、わざわざそんな呼び方をするのは、やはり売上という材料を非常に重視しているからでしょう。

一方、売上が下がり続けているジリ貧の会社については、仮に現在が黒字でも、「そのうち、赤字に転落するに違いない」と考えます。

売上が下がったら、経費を削るしかありませんが、無理に削ると、結局は売上に響いてきます。経費削減で一時的に利益を出しても、さらに売上が下がれば、手の打ちようがありません。その辺りのことは銀行員もわかっています。

よく「売上より利益が大事」といいますが、銀行員の見方として、「売上はどうでもよい」はあり得ませんので注意してください。

私自身も、売上減少が続く黒字の会社が融資を断られるケースを何度か見てきました。そのくらい減収傾向を銀行は嫌います。

ただし、売上が大事といっても、**売上至上主義のイケイケ社長は別です**。経費に無頓着で、売上アップのために見境なく従業員を増やしていくタイプの社長を、銀行は確実に警

売上の安定、不安定に対する銀行の評価

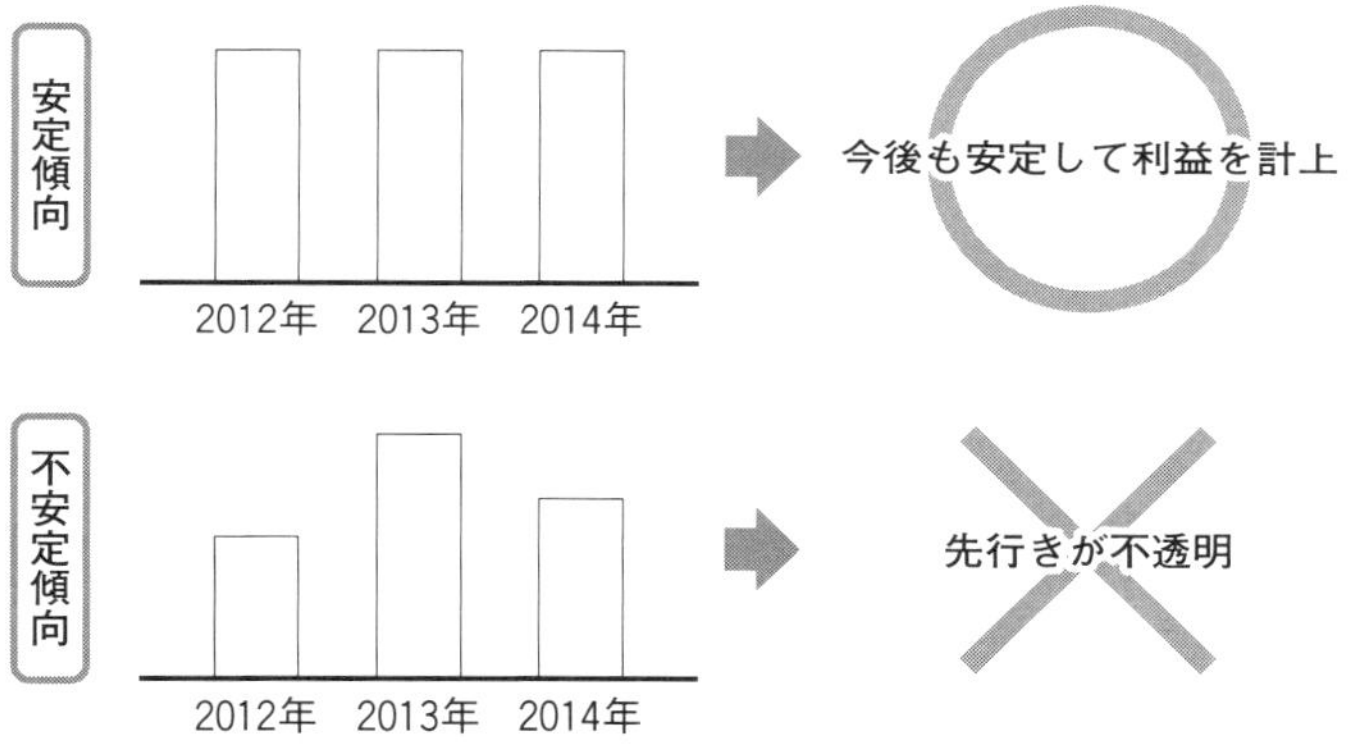

戒します（実際、こういう社長は、売上を伸ばすのも早いですが、会社をたたむのも早いです）。

売上では、「どのくらい安定しているか」も重要なチェックポイントです（上図参照）。

売上が安定している会社は、顧客基盤がしっかりしている会社として評価されます。逆に、売上のアップダウンが激しい会社は、顧客基盤がぜい弱で、先行き不透明として警戒されます。

銀行は「基盤」という言葉が好きです。「確固たるものがあるかどうか」が大事なのです。

製品と市場では「市場」が伝わりやすい

売上は全体額で見てもよくわかりません。そこで銀行は売上の内訳（例：得意先別、製品別、営業所別など）をチェックします。

売上の内訳で評価されるポイント

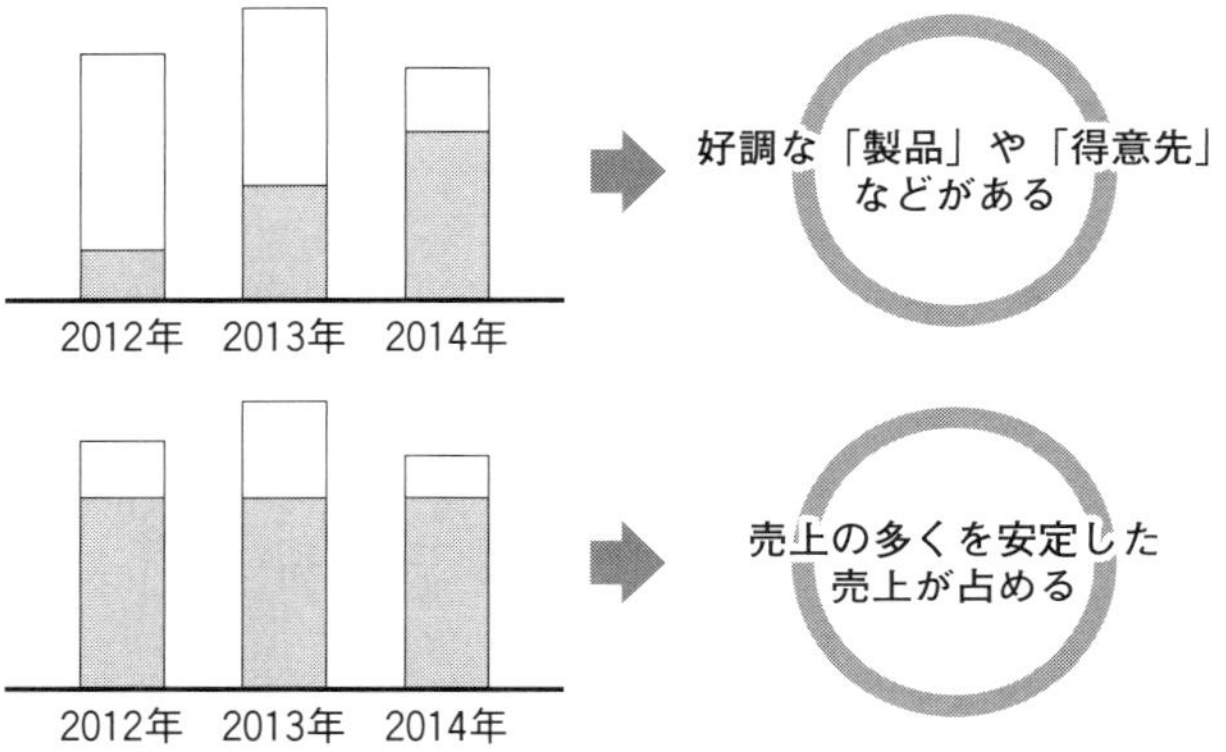

もし、銀行から売上の内訳資料の提出を求められたら、**その内訳から何かアピールできる点はないかを考え、伝えてみてください。**上図のように、「好調な製品や得意先」「安定した売上部門」があることを伝えると、よい反応が返ってくるでしょう。

なお、売上は表面的な数字だけではなく、事業内容と結び付けて評価されます。

事業内容で貸出先を選別する傾向は、地域金融機関よりもメガバンクのほうが強いように感じます。これにはメガバンクの情報量が多いことが関係しているのかもしれません。

会社の事業内容を説明する場合、製品と市場が切り口になりますが、**銀行に伝わりやすいの**

はどちらかというと「市場」のほうです。

「当社が取り組んでいる××の市場規模は何千億円まで伸びる」といった資料を提出したら、銀行の態度が急に積極的になった、ということを、私も何度か経験しています。

業界の調査データやマスコミ記事など、市場に関する前向きなデータがあったら、銀行に提出しましょう。そのことで、銀行員の売上に対する見方が変わる可能性があります。

銀行員は「月商」にうるさい

月商のチェックは銀行員が得意とする売上分析の方法です。特に重視するのは、「売上÷月数」で計算する「平均月商」ではなく、**何月にいくら売り上げたという「月商」**です。

最近の月商をもとに繁忙月の売上はどうで、通常月がどうか、というような見方です。

このような月別の売上情報を、「今期は○月に在庫一掃処分セールの売上があったが、来期は見込めない」とか、「今期は△月の欠品が響いたが、来期はその分の売上増が期待できる」というふうに、具体的な売上予測につなげていきます。

月商の推移は融資審査のポイントになりやすいので、銀行員から質問を受けた場合は、できるだけ詳しい内容を説明するようにしましょう。

「売上原価」「売上総利益」はどう読まれるか

売上との対比（額ではなく率）をチェックされる

2015年は、売上原価が減って、売上総利益が増えています。

もし、「売上がダウンしたのに売上総利益が増えたのはなぜ？」と疑問に思われたのであれば、それは、銀行員とまったく同じ見方です。

銀行員は、「売上原価と売上総利益は、売上高に応じて変化する」と考えます。

A社は卸売業という設定なので、売上原価の大半は商品仕入高です。仕入は売上に連動する「変動費」。本来、売上が増えれば仕入も増え、売上が減れば仕入も減る、という関係になっていないとおかしいわけです（変動費の反対は、売上に関係なく発生する、人件費や地代家賃などの「固定費」です）。

PL「売上原価」「売上総利益」

（百万円）

科目	2014年	2015年
売上高	420	408
売上原価　　—）	340	316
売上総利益	80	92

変動費は「額」よりも「率」がチェックされる

科目	2014年	2015年
売上高	420	408
売上原価※	340	316
（売上原価率）	（81.0%）	（77.5%）
売上総利益	80	92
（売上総利益率）	（19.0%）	（22.5%）

※売上原価のうち、商品仕入高、材料費、外注費などが変動費とみなされる

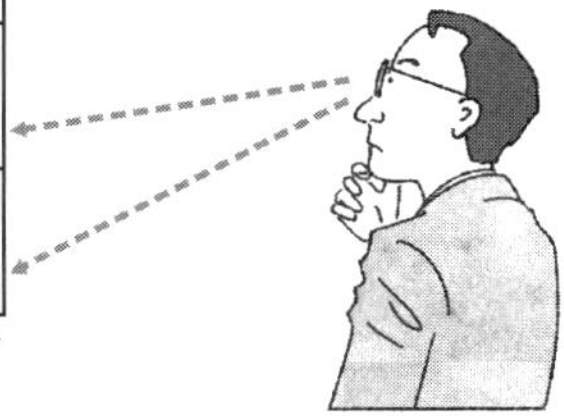

売上に応じて変わる**変動費**は、**「額」よりも「率」がチェックされます。**

率とは、売上原価を売上高で割った「売上原価率」と売上総利益を売上高で割った「売上総利益率」です。

なお、製造業や建設業では、売上原価に労務費などの固定費が計上されています。この場合、通常、材料費や外注加工費など、明らかに変動費といえる科目について原価率がチェックされます。

上表（下段の表）を見ると、売上原価率は81％から77・5％へ下がり、売上総利益率が19％から

22・5％へと3・5％も向上しています。

このケースでは、銀行員は、「なぜ、3・5％も売上総利益率が改善したのか？」と社長に質問してくるかもしれません。

売上総利益率が改善する理由として考えられるのは、次の3つです。

①**値上げ**……販売価格を引き上げると利益率は改善する
②**仕入価格の引下げ**……仕入価格を引き下げると利益率は改善する
③**売上構成の変化**……利益率の高い商品が売上全体に占める割合がアップすると、利益率は改善する

これらの切り口で、銀行に対して売上総利益率が改善した理由を説明できればよいのですが、もしそれができないと「粉飾」を疑われることもあります。

売上原価は棚卸資産とセットでもチェックされる

損益計算書において、売上原価は次のように計算されます。

売上原価　＝　期首在庫　＋　期中仕入高　－　期末在庫

売上原価は、「期首にみかんが1個ありました。期中に3個仕入れ、期末に2個残っていたら、食べたのは2個（1＋3－2）です」という考え方で計算されます。

売上原価の計算式の在庫は、ＢＳの「棚卸資産」と同じものです。

もし、お手元に決算書があったら、確認してみてください。ＰＬの売上原価のところに書いてある期末在庫とＢＳの棚卸資産は同じ金額になっているはずです。

売上総利益率が3・5％も改善したことを不審に思った銀行員は、ＢＳの棚卸資産を確認します。すると、棚卸資産が70百万円から１０２百万円に増えています（65ページのＢＳ参照）。

銀行員は、こう考えます。**「この会社はＰＬを黒字にするために、期末在庫を水増ししているかもしれない」**。

売上原価と在庫の関係

売上原価　＝　期首在庫　＋　期中仕入高　－　期末在庫

PL

科目	2015年
売上高	408
期首在庫	70
期中仕入	＋348
期末在庫	－102
売上原価	316
売上総利益	92

BS　（百万円）

科目	2014年	2015年
棚卸資産	70	102

期末在庫が増えると、売上原価が減って、売上総利益が増える

つまり、ＢＳに**架空在庫を計上したのではないか**ということです。

もう一度、売上原価の計算式を見てください（上図）。

期末在庫を多くすれば、それだけ売上原価が減って、売上総利益が増えるということがわかりますね。「**期末在庫が増える＝利益が増える**」なのです。

在庫（棚卸資産）は、売掛金のように相手がいない分、わりと安易に粉飾されてしまいます。銀行員自身も「**期末在庫の水増しは、よくある粉飾の手口**」と認識しています。

もし本当に粉飾しているなら、２

015年の売上総利益率22・5%も水増しされた利益を含むウソの数値ということになります。仮に、利益率の実力が、2014年の19%だとすると、2015年の売上総利益は77百万円まで下がってしまいます。

2015年の売上408百万円×2014年の売上総利益率19%≒売上総利益77百万円

売上総利益77百万円に対し、2015年は販売管理費を88百万円計上（64ページのPL参照）していますから、営業利益の段階で赤字です。もし本当にこういう状況なら、A社への融資は厳しくなります。

売上原価の粉飾では、この他にも、**期末の仕入を計上せず、先送りにする**といった手口がよく用いられます。その場合、売上総利益率が高くなる代わりに、買掛金が減少します。やはり不自然な推移となるので、銀行から粉飾を疑われる可能性があります。

ちなみに架空売上も、売上総利益率がとても高くなります。売上だけを、最後にどーんと上乗せする社長が多いからです。もちろん、みなさんは真似しないでください。

「販売管理費」「営業利益」はどう読まれるか

銀行が注目するのは役員報酬などの生々しい情報

販売管理費は、「販売費及び一般管理費」を省略した言葉で、さらに省略して「販管費」とも呼ばれます。

販管費は費用ですから、少なくて済むなら、そのほうがいいに決まっています。A社の場合、2015年は売上が下がったにもかかわらず、販売管理費が78百万円から88百万円へと10百万円増えていますから、よい状態とはいえません。

しかし、**銀行員には、「販管費がいくらだったら適正か」ということまでは、なかなかわかりません**。たとえば、売上に結び付かない広告宣伝費をかけていたとしても、決算書からわかることとは「昨年と比べて広告費が高い」ということくらいです。

銀行が注目するのは、そういうことよりも、**社長が役員報酬をいくらとっているか等、**

PL「販売管理費」「営業利益」

（百万円）

科目	2014年	2015年
売上総利益	80	92
人件費	45	48
交際費	3	3
運賃荷造費	4	7
地代家賃	5	5
減価償却費	6	5
その他販管費	15	20
販売管理費　ー）	78	88
営業利益	2	4

もう少し生々しい情報です。

人件費はどう読まれるか

販売管理費に計上されている人件費は、「役員報酬」「給料手当」「賞与」「法定福利費」「福利厚生費」の合計です。

(1)役員報酬

銀行が最も注目する情報です。決算書に添付された勘定科目内訳書を見て、誰にいくら支払われたかを確認します。

時々、役員報酬を勘定科目の「給料手当」にまとめ、目立たせないようにしている会社がありますが、銀行員は役員報酬をしっかりチェックしています。

役員報酬の不足を貸付金や借入金でまかなうパターン

PL

科目	前期
売上高	1000万円
役員報酬	△400万円
その他費用	△500万円
利益	100万円

BS

科目	前々期	前期
社長への貸付金	なし	200万円

または

科目	前々期	前期
社長からの借入金	200万円	なし

・役員報酬が低い場合

役員報酬が極端に低いと、**「黒字にするため、無理に低く抑えているのでは？」**という見方をされます。

たとえば、社長の役員報酬が社員よりも低い200万円であれば、「さすがにそれはおかしい」ということになります。

仮に社長が、経費などを切り詰めて質素に暮らしているとしても、実態は赤字の会社と思われてしまうでしょう。

そういう極端なケースはともかく、**役員報酬を少なめにし、不足分を社長への貸付金や借入金の返済でまかなっている会社は少なくありません。**

たとえば、赤字が予想されるので社長の役員報酬を400万円に引き下げたものの、実際には600万円の役員報酬が必要で、不足する200万円を社長への貸付金として処理した、というようなパターン。これも一種の「赤字隠し」です。決算書には貸付金の明細も付いていますから、銀行にはバレています。

役員報酬の金額だけではなく、社長への貸付金や借入金の返済も収入としてチェックされると心得ましょう。

・役員報酬が高い場合

「役員報酬が高すぎる」と銀行員がはっきりと言ってくるとすれば、それは銀行からの借入金の返済をリスケしたときです。**「返済額を減らすなら、社長の報酬も減らすのが筋」**。銀行員は、そういうふうに考えます。

逆に平常時は、高すぎると思っていても、それを指摘することは、あまりありません。たとえば、社長1人で2000万円以上の役員報酬を受け取っているなら、結構もらっているほうでしょう。

銀行員は、「役員報酬の額を下げろ」とは言わず、「そのお金がどこに流れているか」を気にします。そして、「株や不動産など個人資産の状況」「住宅ローンの状況」「住宅ローン以外の借金」といった情報を、できるだけ詳しく聞き出そうとします。

銀行は、「社長個人の状況が、会社の返済力や財務体質と無関係ではない」と思っているのです。

たとえば、社長が個人で定期預金を積み立てていれば、イザというときはそれを解約し、会社の借入金の返済に充てることができます。逆に、個人で大きな借金を抱えていれば、会社が苦しくなったときに役員報酬を下げることすらできません。

融資を受けるとき、銀行から、社長個人の定期預金を依頼されることがよくありますが、あれは銀行にとって、個人資産を裏付ける安心材料でもあるのです。

(2) 従業員の給料

従業員の給料について銀行が口をはさんでくることはまれです。ただし、明らかに余剰人員が発生しているようなケースでは、部門閉鎖や事業部門の売却を助言してくることがあります。

指標としては、**「1人当り売上高」「1人当り人件費」といった1人当りの数値の動きをわりとよく見ている**ようです。法人税の申告書に付いている「法人事業概況説明書」に従業員数が書いてありますから、売上高や人件費をその人数で割るわけです。

また、短期で賞与資金を貸し出すときは、賞与の水準に異常がないか、1人当りの平均支給額などがチェックされます。

接待交際費はどう読まれるか

接待交際費は社長の個人的な飲み食いを計上するなど、公私混同になりやすい科目です。このため、**銀行が接待交際費の多い会社を評価することはありません。**

赤字の会社だと、「なんでこんなに接待にカネを使っているんだ」と逆に疑問視されます。**「接待交際費を減らせない見栄っ張りな社長」とネガティブに評価されることもあります。**

事例では3百万円になっていますが、この程度の金額なら、問題視されることはありません。

地代家賃はどう読まれるか

事務所の家賃は銀行員からも問題が見えやすいコストなので、業績不振時に高い家賃を払っていると、「もっと安いところに移ったほうがよいのでは？」と助言してきます。

中小企業では、社長が個人で所有する不動産を会社に貸していることがよくあります。その場合、**「役員報酬＋地代家賃」が社長の収入とみなされます。**

会社から社長に支払う家賃は、税務的に支障のない範囲で、できるだけ安いほうが銀行

減価償却費と固定資産の動き

PL

科目	2014年	2015年
減価償却費	6	5

BS（百万円）

科目	2014年	2015年
建物・車両	50	45
土地	30	30
差入保証金	10	10
貸付金	0	5
固定資産	90	90

2015年は
減価償却をしただけ

の評価はよくなります。

減価償却費はどう読まれるか

Ａ社の２０１５年の減価償却費は５百万円です。一方、２０１４年から２０１５年にかけて、建物・車両が減価償却費と同額の５百万円減っています。

このことが意味するのは、２０１５年は、既存の設備に対して減価償却を行なっただけで、新たな設備資産は一切購入していないということです。

減価償却は、使用することによって**年々価値が減っていく固定資産の帳簿価額を減少させていく手続き**のことです。

たとえば、耐用年数が５年の機械を１００で買ったら、ＢＳには「機械１００」と記載し、５年

減価償却の仕組み

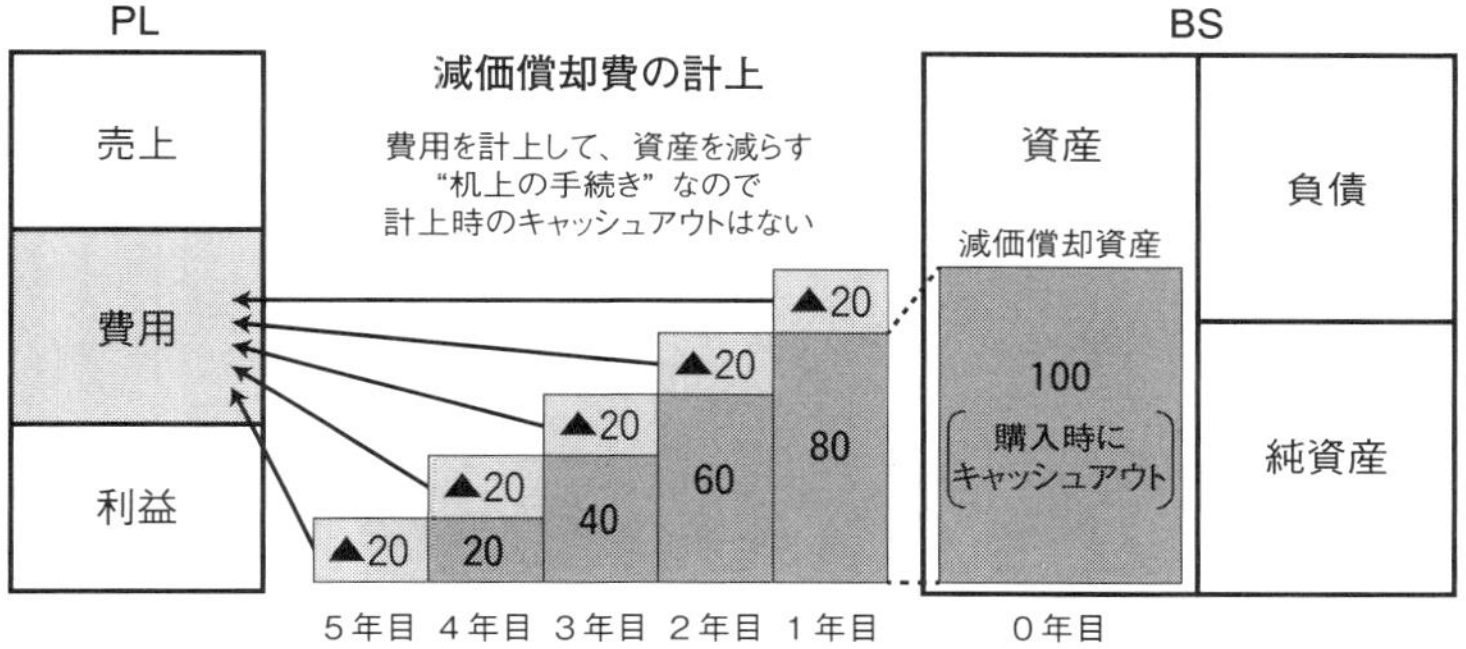

で償却し終わるように毎期、減価償却費を20（100÷5）ずつ計上し、帳簿価額を減らしていきます。

そうすると、PL、BSが、機械の老朽化のコストを織り込んだ、実態に近い数値になるわけです。

かなり大雑把な説明ではありますが、このように減価償却費は、費用として利益を圧縮するものの、机上の手続きであり、キャッシュアウトがありません（資産を購入したとき、すでにキャッシュアウトは終わっています）。

一方、法人税法上、減価償却費は、税法の規定による償却限度額の範囲内で、会社が自由に決めることができます。つまり、減価償却費を意図的に過少に計上しても、税法上は問題ないわけです。

中小企業では、赤字のときに減価償却費を計上しないことがあり、銀行員もそのことをよく心得ています。

このため、減価償却費を計上したり、しなかったりしていると「赤字隠し」を疑われます。

仮に赤字隠しではなくても、**「経理処理が杜撰《ずさん》な会社」「何かを隠している会社」**といった印象をもたれることになります。時々、「減価償却費はキャッシュアウトがないので銀行の見方が甘い」と勘違いしている社長がいますが、まったくそんなことはありません。

その他の販管費はどう読まれるか

販管費は科目がたくさんあるため、通常、金額の大きいものだけがチェックされます。事例では、「運賃荷造費」が4百万円から7百万円に増えています。運賃荷造費は売上が落ちたときに下がることが多い費用なので、増えているのは銀行員の目にも不自然に映るかもしれません。

「その他販管費」も5百万円増えていますが、この中で、もし「雑費」が大きく増えているなら、決算書の印象が悪くなります。**雑費の多い会社は、単に経理が杜撰というだけでなく、何か表に出せないような支出を雑費に計上していることがよくある**からです。**雑費はできるだけ減らすようにしましょう。**

営業利益のもつ意味

売上総利益から販売管理費を引いた残りの利益が営業利益です。

営業利益は、商品を仕入れ、販売して、諸経費を払うところまでの「本業の儲け」を表わす数値。もし赤字なら、人件費などの諸経費すら払えない会社ということになります。

また、営業利益の2つ下にある「営業外費用」には銀行に支払う利息が計上されます。営業利益が赤字だと、銀行への利息も払えないということを意味します。

このため、**営業赤字を計上すると、銀行は必ず、「どうやって会社を立て直すのか？」と聞いてきます**。さいわい、A社の営業利益は黒字ですが、約4億円の売上に対して、4百万円の営業利益（1％）ですから、あまり儲かっているとはいえません。このくらいの数字なら、「何かあれば、すぐに赤字になってしまう」と銀行員は思うでしょう。

ただし、「営業赤字になったら、ただちに融資が受けられない」ということではありません。黒字になるという見通しを示せれば、融資が継続されることもあります。

営業赤字になると、銀行から、よく事業所別などの「部門別損益」を書いた資料を提出するように言われます。そのとき、**社長が赤字部門の対策をスラスラ説明できると、銀行への印象がかなりよくなります**。

「営業外損益」「経常利益」はどう読まれるか

経常利益が重視されるのはなぜか

A社の場合、2015年は営業外収益が増え、経常利益8百万円を計上しています。このことを銀行がどうとらえるか見ていきましょう。

銀行は、通常の事業活動によって得られる「経常利益」（略して**ケイツネ**）を、PLの中で最も重要な数値と考えます。

経常とは、「常に一定の状態で変わらない」という意味。「普通にやって、これだけ儲かった」というのが経常利益です。

経常利益は、本業の利益を示す営業利益に営業外収益を足し、営業外費用を引いたあとの利益。営業外費用には銀行への支払利息が含まれているので、**「経常利益が黒字の会社**

PL「営業外損益」「経常利益」

（百万円）

科目		2014年	2015年
営業利益		2	4
営業外収益	＋）	3	8
営業外費用	－）	3	4
経常利益		2	8

＝通常の事業活動で利息を払える会社」といえます。

「利息が払える」ということは、銀行から見ると、とても大きなことです。元金の返済なら、融資のやりくりでどうにかなりますが、利息までなんとか自力で稼いでもらわないと、銀行としては手の施しようがないからです。

このため、**銀行は、「経常利益が黒なら融資は検討可能」「赤が続けば融資は不可」と判断します。**

営業外収益として計上されるものには、受取利息、受取配当金、有価証券売却益、不動産の賃貸料、雑収入などがあります。

営業外費用には、銀行に払う支払利息、信用保証協会の保証料、有価証券売却損、雑支出などが計上されます。

営業外収益と営業外費用と書くと長いので、ここでは2つ合わせて「営業外損益」と呼びます。

銀行は営業外損益の内容に注目します。経常利益をしっかりチェックするためには、営業外損益の中から、「経常的とはいえない損益」を除外する必要があるからです。

A社の例では、8百万円の営業外収益を計上していますが、そのうちの5百万円は、たまたま、運よく審査に通ってもらうことができた補助金でした。来期ももらえる見通しはありません。

こういう場合、目の利く銀行員であれば、補助金収入を除いて経常利益を考えるはずです（次ページ表参照）。

経常利益を大きく見せるために、本来、特別利益とすべきものを営業外収益に計上したり、営業外費用とすべきものを特別損失に計上している会社を時々見かけますが、銀行にはあまり印象がよくありません。**「経常利益は中身を問われる」と考えましょう。**

営業外損益の見方

科目	2014年	2015年
営業利益	2	4
受取利息・配当金	0.1	0.1
賃貸料収入	2.0	2.0
補助金収入	0.0	5.0
雑収入	0.9	0.9
営業外収益	3	8
営業外費用	3	4
経常利益	2	8

（補助金収入 2015年 5.0）経常的とはいえない収入（実態は特別利益）

科目	2014年	2015年
営業利益	2	4
受取利息・配当金	0.1	0.1
賃貸料収入	2.0	2.0
補助金収入	0.0	0.0
雑収入	0.9	0.9
営業外収益	3	3
営業外費用	3	4
経常利益	2	3

（補助金収入 2015年 0.0）除外

（経常利益 2015年 3）経常利益が減少

#「特別損益」「税引前利益」「法人税等」「当期純利益」はどう読まれるか

特別利益でPLを黒字にしても大きな評価アップにつながらない

特別利益と特別損失のことを「特別損益」といいます。

特別損益は、特別な要因で一時的に発生した利益または損失のこと。固定資産売却益（売却損）、投資証券売却益（売却損）などがありますが、あくまでもその期だけの特別な損益であり、通常の活動による損益ではありません。

A社は2015年に特別利益として10百万円を計上した結果、当期純利益が前期より大幅に増えました。

特別利益10百万円は、社長が会社に貸していた役員借入金を債務免除で消し、債務免除益10百万円を特別利益に計上したものです。要するに、社長が会社に貸していたお金を帳

PL「特別損益」「税引前利益」「法人税等」「当期純利益」

（百万円）

科目		2014年	2015年
経常利益		2	8
特別利益	＋）	0	10
特別損失	－）	0	0
税引前当期純利益		2	18
法人税等	－）	0	3
当期純利益		2	15

債務免除益と役員借入金の動き

PL

科目	2014年	2015年
特別利益	0	10

BS

科目	2014年	2015年
役員借入金	10	0
長期借入金	140	130
固定負債	150	130

債務免除で借入を減らしただけ。返済は行なっていない

BSの全体は65ページ参照

消しにしたわけです。

債務免除の目的は、銀行の評価をあげるためです。BSを見ると、役員借入金が10百万円減っていますね。これは社長からの役員借入金が免除になったからです。

ですから、返済は1円たりとも行なわれていません（上図）。

しかし、**このことによってPLに対する銀行の評価が大きくアップするわけではありません。**

繰り返しになりますが、PLで銀行が重視するのは本業の利益（営業利益と経常利益）です。**本業と関係のない特別利益でPLを**

黒字にしても、銀行の評価はあまり上がらないのです。

もちろん、債務免除がまったくムダということではありません、役員借入金が減ったことにより、ＢＳの内容は多少なりとも改善したことになります。

法人税等はどう読まれるか

法人税等は、法人税、法人住民税、法人事業税を計上する科目です。

税金の計算は非常に複雑ですが、実効税率の関係で、銀行は、税引前利益の30～40％くらいが法人税等の金額になると考えていると思います。

A社では、２０１４年は税引前利益２百万円に対して法人税等はゼロ、２０１５年は税引前利益18百万円に対して法人税等は３百万円と、かなり少ない金額になっています。

中小企業では、一定期間、赤字を繰り越して損金算入（繰越控除）することが認められていますから、こういう場合、**銀行員は法人税申告書の別表７⑴を見て、繰越欠損金の状況を確認します。**

法人税等の金額が銀行員のイメージとあまりにかけ離れていると、「税務署に提出したものとは違う決算書を銀行に提出しているのではないか？」と疑われるかもしれません。

とはいえ、税務にまで詳しい銀行員はそう多くはいません。私が知る限り、この科目について銀行員が突っ込んだ質問をしてくることはまれです。

当期純利益はどう読まれるか

A社のケースでは、2014年で2百万円だった当期純利益が、2015年には15百万円まで増えています。

しかし、そのうち10百万円は**特別利益（債務免除益）**によるものですから、A社の**「稼ぐ力」が大きく伸びたという評価にはなりません。**

逆に、特別損失を計上したケースを考えてみましょう。**特別損失で当期純利益が赤字になった場合は、「一時的な赤字」ということで銀行から大目に見てもらえる**のです。

たとえば、不要な機械設備を処分したことによる固定資産売却損の計上で当期純利益が赤字になったとしても、現在の本業の収益力とは関係がありません。経常利益が黒字になっていれば、引き続き「返済力は見込める」と銀行は判断します。

COLUMN

事業計画書を作成する前に「足元の数字」を固める

銀行融資を受けるには「事業計画書が必要」という話を聞いて、この先３～５年くらいの事業計画書の作成を専門家に依頼する社長がいます。

事業計画書を作ることは悪いことではありませんが、ほとんどの会社は、その前にやるべきことがあります。というのも、私には、銀行が３年や５年も先の数字を信用して融資を行なっているとは、到底思えないからです。

金融機関の人間が最も恐れることは、貸した直後の延滞発生です。貸してから１～２年経っていれば景気のせいにできるかもしれませんが、数か月で延滞やリスケとなると、自分の責任問題になってしまいます。

そのことから考えても、融資審査のポイントが、３～５年先の数字ではなく、「足元の数字」にあることは明らかです。**融資を引き出すには、「５年で売上を伸ばす」という話よりも、「この１～２年は間違いなく大丈夫」という話のほうが、はるかに効果があるはず**です。

よって、**最も力を入れて作成すべき資料は、１～２年分の「月次損益計画」や「資金繰り予想表」**です。それも年間の数字ではなく、月間の数字を横に並べた資料です。

中長期の計画書が必要なら、１～２年分の月次計画を作って、あとはそれと同じ数字を５年分、横に並べておいてもよいのです。金融機関は、売上が右肩上がりの計画よりも、そっちのほうを信用します。

もちろん中長期計画でビジョンを語ることも大事です。しかし、銀行融資を引き出すという目的に限ると、まずやるべきことは、「足元の数字固め」なのです。

第 4 章

銀行は決算書をどう読んでいるか〈ＢＳ編〉

「純資産」はどう読まれるか

最初に見られるのは純資産の合計

貸借対照表（ＢＳ）で、銀行員が**最初に見るのは純資産の合計**です。なぜなら、**純資産がマイナスの会社は「債務超過」**であり、原則、融資対象からはずれるからです。

債務超過とは、損益計算書（ＰＬ）で計上した赤字が累積することによってマイナスになった利益剰余金が資本金を食いつぶし、純資産の合計がマイナスになった状態のことをいいます（次ページ図参照）。

債務超過になるのは、ＰＬで赤字をたくさん計上してきたからです。会社を設立してから現在に至るまでのトータルの赤字が資本金を超えたというわけです。

「純資産＝資産－負債」となりますから、債務超過は、資産を負債が上回っているとい

債務超過とはこんな状態

貸借対照表

（千円）

科目	金額	科目	金額
流動資産	……	流動負債	……
		固定負債	……
固定資産	……	**負債合計**	120,000
		資本金	10,000
		利益剰余金	△30,000
		純資産合計	△20,000
資産合計	100,000	**負債・純資産合計**	100,000

損益計算書

（千円）

前々期	前期	当期
売上高	売上高	売上高
当期純利益 △10,000	当期純利益 △10,000	当期純利益 △10,000

債務超過20,000千円
資本金10,000＋利益剰余金△30,000
資産合計100,000－負債合計120,000

うことでもあります。

債務超過の状態は、資産を全部売っても負債を払いきることができないので、銀行は原則として融資に応じません。

では、純資産の合計がプラスになっていれば安心できるかというと、そうとも限らないのです。

なぜなら、銀行は中小企業の決算書の数字を、そもそも信用していないからです。

A社の数値を見てみると（次ページ表）、純資産は、利益剰余金が増加したことにより、50百万円から65百万円に増加しており、債務超過の状態ではありません。

しかし、それは決算書の数字が完全に正

BS「純資産」

（百万円）

科目	2014年	2015年	科目	2014年	2015年
現預金	60	28	買掛金	70	80
売掛金	60	60	未払費用	10	10
棚卸資産	70	102	仮受金	5	5
仮払金	0	5	流動負債	85	95
流動資産	190	195	役員借入金	10	0
建物・車両	50	45	長期借入金	140	130
土地	30	30	固定負債	150	130
差入保証金	10	10	負債計	235	225
貸付金	0	5	資本金	10	10
固定資産	90	90	利益剰余金	40	55
繰延資産	5	5	純資産	50	65
資産合計	285	290	負債・純資産合計	285	290

しい場合の話です。**銀行は、過大に表示されている不良債権や不良在庫、価値が下落した有価証券や不動産などを資産から差し引いた「実態バランスシート」で債務超過かどうかを判断します**（実態バランスシートについては128ページで解説）。

問題になるのは内訳より合計

純資産には、非常に多くの勘定科目がありますが、中小企業の場合は、株主資本があり、それが資本金と利益剰余金に分かれ、さらに利益剰余金の内訳が書いてあるケースが多いでしょう（次ページ表参照）。

純資産については、これとは別に、「株主資本等変動計算書」が作成され、純資産の内訳がどのように変化したかがわかるようになっています。

「純資産の部」の内訳

純資産の部		
【株　主　資　本】	【65,000,000】	
資　　本　　金	10,000,000	
利 益 剰 余 金	55,000,000	← 内部留保の合計
利　益　準　備　金	1,000,000	← ココは繰越利益剰余金を振り替えただけ（つまり内部留保）
その他利益剰余金	54,000,000	
別　途　積　立　金	4,000,000	← ココは繰越利益剰余金を振り替えただけ（つまり内部留保）
繰越利益剰余金	50,000,000	← PLの当期純利益がたまる場所
純　資　産　合　計	65,000,000	

銀行は、純資産の内訳や株主資本等変動計算書にあまりこだわりません。**純資産の内訳がどう変化しようと、社外にお金が流出するのは配当を行なったときだけだからです。**

上表には「利益準備金」と「別途積立金」という科目があります。

この2つは、ＰＬであげた当期純利益が流れ込んだ繰越利益剰余金を振り替えただけの科目。つまり、立派な内部留保です。

銀行がチェックするとすれば配当ですが、大半の中小企業は「経営者＝株主」なので、配当はあまり行ないません。役員報酬で受け取ったほうが税金が少なくて済むからです。

結果として、**純資産の内訳はあまりポイントになりません。**

「現預金」はどう読まれるか

現預金が増減した真相を究明して資金繰りの実態を察知

ＢＳの「現預金」は、**資金繰りを見るうえで最も重要な情報**です。現預金そのものを粉飾する会社は少ないので、この数字は多くの場合、真実を表わしているからです。

Ａ社のケースでは、現預金60百万円が28百万円まで大幅に減っていますから、これを見た瞬間、銀行員は、「この会社の資金繰りはラクではない」と考えるでしょう。

そして、「なぜ、こんなになるまで融資を申し込んでこなかったのだろう」と不思議に思うかもしれません。

このように、**現預金が月商を割るくらいの状態になると、銀行員は、「給料日や月末の支払いは大丈夫だろうか」と考えます。そして、資金繰りのことを詳しく聞いてきます。**

BS「現預金」

（百万円）

科目	2014年	2015年	科目	2014年	2015年
現預金	60	28	買掛金	70	80
売掛金	60	60	未払費用	10	10
棚卸資産	70	102	仮受金	5	5
仮払金	0	5	流動負債	85	95
流動資産	190	195	役員借入金	10	0
建物・車両	50	45	長期借入金	140	130
土地	30	30	固定負債	150	130
差入保証金	10	10	負債計	235	225
貸付金	0	5	資本金	10	10
固定資産	90	90	利益剰余金	40	55
繰延資産	5	5	純資産	50	65
資産合計	285	290	負債・純資産合計	285	290

続いて、銀行員は、**「なぜ現預金が減ったのか」**を考えます。

2期分のBSを見ると、棚卸資産の増加が目立ちます。素直に読めば、在庫の持ち過ぎで資金繰りが悪化したことになります。

PLと合わせて読むと、売上総利益率の動きから、**在庫の水増しの疑い**もあります（74〜77ページで述べたとおり、売上原価は棚卸資産とセットでチェックされます）。在庫の水増しの場合は、赤字で資金繰りが悪化したことになります。

また、銀行員は、現預金を見ると同時に借入金の動きをチェックします。**銀行員の目線では、現預金と借入金の動きはいつもセットです。**

A社の場合は、長期借入金が140百万円から

130百万円まで減ったことが、資金繰りが悪化した1つの原因です。

今後、金融機関から追加の融資が受けられるかどうかが重要な問題となります。

預金は返済財源とみなされる

銀行員は、決算書の預金の内訳もチェックします。

融資を受けるとき、よく銀行から、「他行の担保に入れていない預金を移してほしい」とか「積立定期預金をつくってほしい」と頼まれます。

この要請には、取引採算のことだけではなく、債権保全の意味が含まれています。

預金を担保にとっていなくても、自行の口座であれば、延滞が発生したとき、預金をおろせないようにして、最終的に貸付金と相殺することもできるからです。

特に、**売上を自行の口座に入金してもらうことは債権保全策として有効であると銀行員は認識しています。**

また、融資審査において、銀行は、自行に置いている預金を**貸付金の返済財源**とみなします。手元の資金である預金の水準までであれば、貸出を行なっても問題ないのではないかと考えるのです。

融資先の状況は、預金の推移をモニタリングすると、よく把握することができます。**「決算分析より売上入金口座の推移をチェックすることのほうが重要」と話す銀行員もいます。**

借入のある銀行に預金することには抵抗のある方もいると思いますが、スムーズに融資を受けるためには、一定の協力は必要でしょう。

「流動資産」はどう読まれるか

売掛金は「回収サイト」と「内訳」をチェック

銀行員は、売掛金や受取手形などを分析するとき、「平均月商」を使います。銀行員がよく行なう分析方法なので覚えておきましょう。

A社の場合であれば、平均月商は次のようになります（64ページのPL参照）。

- 2014年　売上420百万円÷12か月＝35百万円
- 2015年　売上408百万円÷12か月＝34百万円

この平均月商で売掛金の残を割ります。

- 2014年　売掛金60百万円÷平均月商35百万円＝1・71か月
- 2015年　売掛金60百万円÷平均月商34百万円＝1・76か月

BS「流動資産」

（百万円）

科目	2014年	2015年	科目	2014年	2015年
現預金	60	28	買掛金	70	80
売掛金	60	60	未払費用	10	10
棚卸資産	70	102	仮受金	5	5
仮払金	0	5	流動負債	85	95
流動資産	190	195	役員借入金	10	0
建物・車両	50	45	長期借入金	140	130
土地	30	30	固定負債	150	130
差入保証金	10	10	負債計	235	225
貸付金	0	5	資本金	10	10
固定資産	90	90	利益剰余金	40	55
繰延資産	5	5	純資産	50	65
資産合計	285	290	負債・純資産合計	285	290

このように、売掛金の残を平均月商で割った数値のことを**回転月数**といいます。

回転月数が意味するのは、売掛金の「**回収サイト**」です。

2014年は平均で売掛金の回収に1・71か月かかっていて、2015年はそれが1・76か月に伸びたということです。

この程度の変化なら、何の問題もありません。

ただ、これがもっと大きく伸びているとき（たとえば2か月以上になっているなど）は、売掛金の回収に何か問題が生じているのではないか、という見方になります。

銀行は、さらに、**勘定科目内訳書で売掛金の内**

売掛金の内訳のチェック

（円）

科目	相手先		2014年	2015年	摘要
	名称	所在地			
売掛金	X社	××××	20,000,000	10,000,000	
〃	Y社	××××	5,000,000	8,000,000	
〃	Z社	××××	6,000,000	6,000,000	
〃	その他	——	29,000,000	36,000,000	

訳をチェックします（上表）。

売掛金の内訳には、相手先の名前と金額が載っています。**同じ相手に、同じ金額の売掛金が2期連続で載っていると、「回収できなくなった売掛金ではないか」と怪しまれます。**

A社のケースでは、「Z社への6百万円が怪しい」ということになり、銀行担当者が調べてみるとZ社はすでに倒産していました。よって、この6百万円は不良債権として、資産から減額されます（128ページ「実態バランスシート」参照）。

ただ、ほとんどの会社は、不良債権を内訳書の「その他」に入れて隠しますから、いつも簡単に見つかるわけではありません。

棚卸資産も平均月商との比較で分析される

棚卸資産も売掛金と同様に回転月数を確認されます。

・２０１４年　棚卸資産　70百万円÷平均月商35百万円＝２・００か月
・２０１５年　棚卸資産　１０２百万円÷平均月商34百万円＝３・００か月

棚卸資産資産の回転月数が表わすのは**「在庫の滞留期間」**です。A社では２０１５年は月商1か月分の在庫が増えていますから、明らかに普通ではありません。

このような場合、銀行の担当者は、社長に在庫の内訳を表わす資料の提出を依頼するはずです。もし、社長が多忙を理由になかなか提出しなかったとすれば、「取り扱っている商品に変更があった」といった納得のいく説明がない限り、銀行は「棚卸資産の一部は不良在庫である」と判定します。

実際の在庫は、過去数年分の棚卸資産回転月数などから推定します。

A社では、だいたい回転月数が2か月前後で推移していたので、月商の2か月分（２０１５年の月商34百万円×2か月＝68百万円）が、修正後の棚卸資産になりました（１２８ページ「実態バランスシート」参照）。

このように、**極端に在庫が増えたときは、きちんと銀行に説明しないと「不良在庫」としてBSの資産から除外される恐れがあります。**

内容がはっきりしない仮払金を銀行は資産から減額する

仮払金とは、すでにお金を支払ったものの、どの勘定科目で処理すればよいのかわからないので、それが確定するまでの間、一時的に使用する科目です。

仮払金は一時的には資産ですが、**その実態は、ほとんどの場合、「費用」**です。

A社の例では、2015年に仮払金を5百万円計上しています。このお金は、展示会への出展費用でした。本当は広告宣伝費で処理すべきでしたが、営業利益が赤字になると困るので、とりあえず仮払金にしたというものです。

このように仮払金を使えるなら、いくらでも利益を出すことができますね。

このため、**銀行は、「内容がはっきりしない仮払金は資産としての価値がない」として、資産から減額します**（128ページ「実態バランスシート」参照）。

減額されるのは、仮払金に限りません。「立替金」でも「預け金」でも、怪しそうなものはすべてアウトです。

ただ、「仮払金」は名前からしてすでに怪しいので、一段とアウトになりやすいと考えておいたほうがよいでしょう。

仮払金を使えばいくらでも利益は出せる

粉飾前

科目	2015年
売上高	408
売上原価	316
売上総利益	92
人件費	48
交際費	3
広告宣伝費	5
運賃荷造費	7
地代家賃	5
減価償却費	5
その他販管費	20
販売管理費	93
営業利益	−1

粉飾後

2015年
408
316
92
48
3
0
7
5
5
20
88
4

黒字

科目	2014年	2015年
現預金	60	28
売掛金	60	60
棚卸資産	70	102
仮払金	0	5
流動資産	190	195

営業赤字になると困るので、
広告宣伝費を仮払金に計上

「固定資産」「繰延資産」はどう読まれるか

償却不足が問題視される

次ページ上表のとおり、A社の固定資産を見ると「建物・車両」が50百万円から45百万円に減っています。建物・車両の減少は、2015年のPLで減価償却費を5百万円計上したからです（84ページの表参照）。このように、減価償却費の計上がきちんと行なわれていれば何の問題もありません。

中小企業では、利益操作のため減価償却費の計上を見送ってきたツケとして、有形固定資産に「償却不足」を抱えていることがよくあります。きちんと償却を行なっていないので、建物などが本来よりも高い金額でBSに計上されているわけです（次ページ下図）。

BS「固定資産」「繰延資産」

（百万円）

科目	2014年	2015年	科目	2014年	2015年
現預金	60	28	買掛金	70	80
売掛金	60	60	未払費用	10	10
棚卸資産	70	102	仮受金	5	5
仮払金	0	5	流動負債	85	95
流動資産	190	195	役員借入金	10	0
建物・車両	50	45	長期借入金	140	130
土地	30	30	固定負債	150	130
差入保証金	10	10	負債計	235	225
貸付金	0	5	資本金	10	10
固定資産	90	90	利益剰余金	40	55
繰延資産	5	5	純資産	50	65
資産合計	285	290	負債・純資産合計	285	290

償却不足は減額される

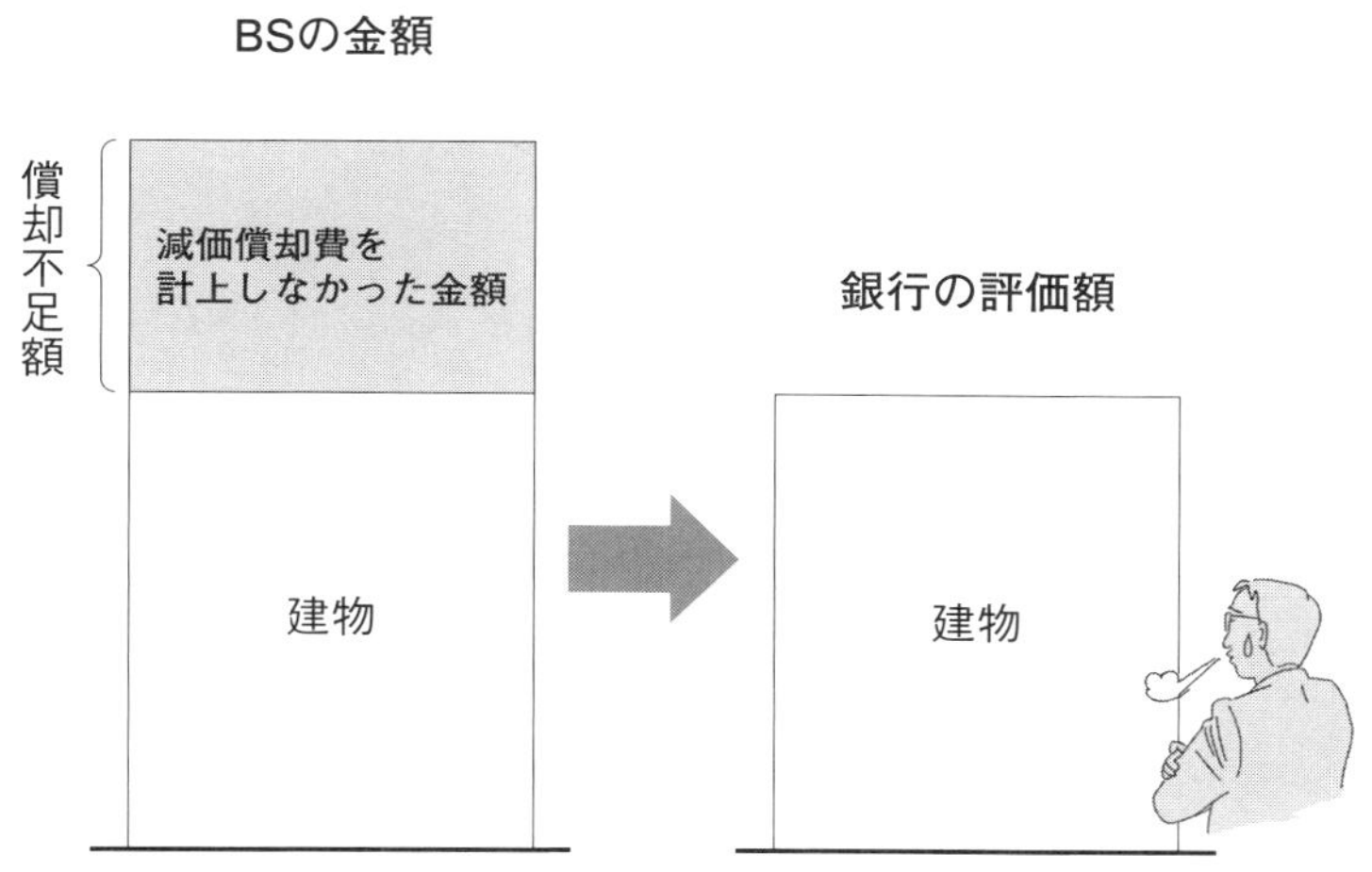

償却不足が判明すると、銀行は建物などから償却不足分を減額します。**長年にわたって償却不足をため込んでいると、これだけで債務超過になることもあるので注意しましょう。**

なお、償却不足があると、翌期首の帳簿価額がその分多くなり、翌期以降の償却額が多くなります。つまり、普通に減価償却を実施していれば、償却不足はいずれ解消します。

非事業用資産は時価で評価される

Ａ社は土地30百万円を計上していますが、この土地はただの更地で、事業に使っていません。

事業に使っていない資産は「非事業用資産」といい、時価で評価することになっています。したがって、もしＡ社の土地が、路線価や固定資産税評価額などから見て10百万円の価値しかないとすると、ＢＳに計上した30百万円との差額20百万円の〝含み損〟を抱えていると判断されます（１２８ページ「実態バランスシート」参照）。

非事業用資産には、この他にも有価証券やゴルフ会員権などがあります。**非事業用資産は所有しているだけで時価との差を資産からマイナスされてしまうので注意しましょう。**

一方、工場や事務所ビルなど、売却予定のない事業用資産は値下がっていても評価は簿価のまま据え置くことになります。

貸付金は回収予定がポイントになる

A社では、2015年に貸付金を5百万円計上しています。この貸付金は、社長がA社とは別に経営するB社に対するものでした。

こういう場合、銀行は「B社の決算書を提出してほしい」と言ってきます。B社の決算内容がボロボロで、A社への返済予定を明確に示せない場合、この貸付金は回収が見込めないと判断され、資産から減額されてしまいます（128ページ「実態バランスシート」参照）。

貸付金は、銀行や信用保証協会が最も警戒する科目です。保証協会付融資でも、BSに計上された貸付金が原因で保証協会の保証がおりないことがよくあります。

中小企業で最も多いのは**社長への「役員貸付金」**です。

役員貸付金は、すぐに返せる程度の金額ならよいのですが、金額が膨らんでしまうと、その処理に苦労することになります。

銀行は、社長が役員貸付金を何に使ったのかを聞いてきますが、多くの場合、社長は返答に窮することになります。

役員貸付金は、「個人的な借金の返済に回した」「株の損失の穴埋めに使った」「表に出せないような交際費に使った」など、**往々にしてネガティブな話が多い**からです。

役員貸付金は解消するのも大変です。役員貸付金を消すために貸倒処理を行なうと、役員に税金がかかってしまいます。

個人でノンバンクから借入を行なって、そのお金で会社に返済しようとすると、今度は余計な金利がかかってきます。

結局、役員報酬を増やして、その中から役員貸付金を分割返済していくのが最も現実的な対応策になります。

銀行や保証協会は、返済予定を提出すれば、わりと納得してくれます。返済予定が実行できそうなものであれば、貸付金は資産からあまり減額されません。

関係会社や第三者に対する貸付金についても、ポイントになるのは返済予定です。**貸付金の相手とは、できるだけ契約書も作成しておくべきです。**

繰延資産に対する銀行の見方は厳しい

A社では、新しい物流システムの開発費に使った5百万円を繰延資産に計上しています。繰延資産とは、経費としてお金を使ったものの、その効果が将来にわたって効いてくるから資産に計上する、というものです。

実際には、「一度に経費を計上すると赤字になってしまうので、資産に計上した」というもので、資産としての中身はありません。

資産としての評価は銀行によりますが、**将来の収益に貢献しない繰延資産の評価はゼロです**（128ページ「実態バランスシート」参照）。

A社のように、繰延資産を資産に計上したまま放置している会社を時々見かけますが、繰延資産が資産として認めてもらいにくいことを認識しておくべきしょう。

「流動負債」はどう読まれるか

買掛金も平均月商で割った回転月数でチェックされる

流動負債にある買掛金も、売掛金や棚卸資産と同様、**平均月商で割った回転月数でチェックされます**（平均月商については106ページ参照）。

買掛金が増加しているA社の回転月数を計算してみましょう。

- 2014年　買掛金70百万円÷平均月商35百万円＝2・00か月
- 2015年　買掛金80百万円÷平均月商34百万円＝2・35か月

買掛金の回転月数は、売上高で買掛金を割っているので支払サイトとはいえませんが、**回転月数の推移は「支払サイトの傾向」を表わします。**

BS「流動負債」

（百万円）

科目	2014年	2015年	科目	2014年	2015年
現預金	60	28	買掛金	70	80
売掛金	60	60	未払費用	10	10
棚卸資産	70	102	仮受金	5	5
仮払金	0	5	流動負債	85	95
流動資産	190	195	役員借入金	10	0
建物・車両	50	45	長期借入金	140	130
土地	30	30	固定負債	150	130
差入保証金	10	10	負債計	235	225
貸付金	0	5	資本金	10	10
固定資産	90	90	利益剰余金	40	55
繰延資産	5	5	純資産	50	65
資産合計	285	290	負債・純資産合計	285	290

買掛金の支払サイトは長いほうが評価されます。支払いが遅いほうが資金繰りがラクになるからです。

A社の場合は若干、回転月数が伸びていますから、買掛金の支払条件が少し改善したことになります。

注目されるのは「経常運転資金の推移」

売掛金、棚卸資産、買掛金について回転月数を計算しましたが、銀行員はそれぞれを別々に見るのではなく、経常運転資金の問題として考えます。

経常運転資金（銀行用語では「正常運転資金」）とは、仕入→在庫→販売→回収という営業サイクルで経常的に必要となる資金のことです（上図）。

経常運転資金とは

重要　経常運転資金 ＝ 売上債権 ＋ 棚卸資産 － 仕入債務

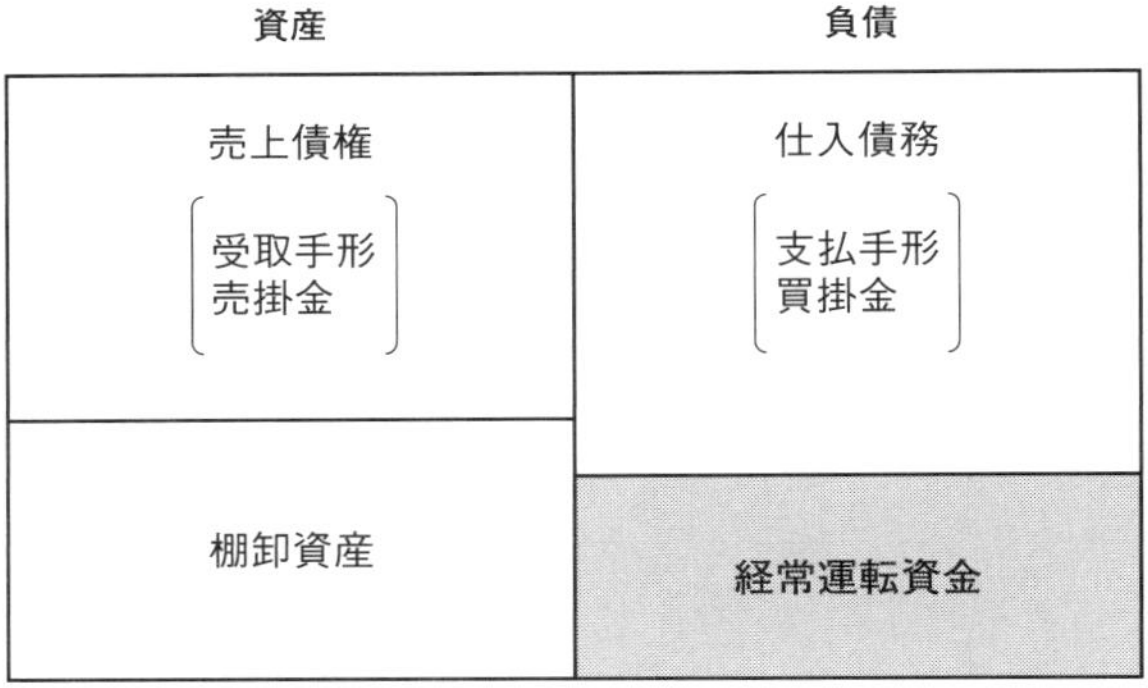

• 仕入→在庫→販売→回収の営業サイクルでは、現金が棚卸資産と売上債権に変化し、お金が寝てしまう
• ただし、仕入債務も支払いを先延ばしにできるので、本当に必要な資金はその差額（売上債権＋棚卸資産－仕入債務）となる

経常運転資金の増減は、資金繰りに大きく影響します。**経常運転資金が増えると資金繰りが苦しくなり、減るとラクになります。**

そこで銀行は、次ページ表のように回転月数で経常運転資金を分析し、推移をチェックします。

Ａ社のケースでは、経常運転資金が１・７か月から２・４か月に悪化しています。

銀行が行なう経常運転資金の分析

（百万円、月）

	2014年		2015年	
	金額	回転月数	金額	回転月数
平均月商	35.0		34.0	
受取手形	0	0.0	0	0.0
売掛金	60	1.7	60	1.8
棚卸資産	70	2.0	102	3.0
計①	130	3.7	162	4.8
支払手形	0	0.0	0	0.0
買掛金	70	2.0	80	2.4
計②	70	2.0	80	2.4
経常運転資金（①−②）	60	1.7	82	2.4

回転月数は短いほどよい（受取手形〜計①）

回転月数は長いほどよい（支払手形〜計②）

資金繰り体質の悪化（2014年 1.7 → 2015年 2.4）

資金調達先に問題がないかも確認

その他の流動負債については、主に**資金調達の相手先に問題がないか**をチェックされます。

A社は仮受金を計上していますが、中小企業では、**高利貸しやノンバンクからの借入**を仮受金に計上していることがよくあります。

銀行からなかなか融資が受けられない会社が使うノンバンクの借入があると、銀行から融資を受けるのは、かなり厳しくなります。

また、未払金や未払費用、預かり金などに、**怪しげな個人からの借入や税金の滞納**が見つかることもよくあります。

負債についても、「勘定科目内訳書の記載内容は、すべてチェックされる」と考えましょう。

「固定負債」はどう読まれるか

借入金は常に現預金と見比べられる

A社の例では、固定負債に計上されている銀行からの長期借入金が１４０百万円から１３０百万円に減っています。

なお、役員借入金は債務免除によってゼロになっています。

この決算書を見て、銀行員はどう思うのでしょうか。

借入金が減る傾向の会社は、基本的には健全な会社といえますが、この点は、あくまでも現預金との兼ね合いで判断されます。

A社では、長期借入金が１４０百万円から１３０百万円に10百万円減る一方、現預金が60百万円から28百万円に32百万円減っています。

BS「固定負債」

（百万円）

科目	2014年	2015年	科目	2014年	2015年
現預金	60	28	買掛金	70	80
売掛金	60	60	未払費用	10	10
棚卸資産	70	102	仮受金	5	5
仮払金	0	5	流動負債	85	95
流動資産	190	195	役員借入金	10	0
建物・車両	50	45	長期借入金	140	130
土地	30	30	固定負債	150	130
差入保証金	10	10	負債計	235	225
貸付金	0	5	資本金	10	10
固定資産	90	90	利益剰余金	40	55
繰延資産	5	5	純資産	50	65
資産合計	285	290	負債・純資産合計	285	290

つまり、**現預金を取り崩して借入金を減らしたわけです。「手持ちのお金から返しただけ」ですから、銀行は評価しません。**

逆のケースで、**借入金が増えた場合、その分、現預金が増えているなら、銀行は問題なしと考えます。実質的な借入は増えてないからです。**

借入金は、常に現預金と見比べられるということです。ここは大事なところですから、覚えておいてください。

借入が多い会社は警戒される

銀行は、融資を判断するうえで、他行からの調達を含め、その会社がどのくらいの資金調達余力を有しているかを非常に重視します。

ＢＳの借入金も、資金調達余力の観点でチェックされます。

まず、借入金の大きさです。

借入の多い会社は、追加融資を受けないと資金繰りが回らなくなっていることがほとんどですが、銀行が融資に応じられる金額には限界があります。

このため、借入の多い会社は銀行から警戒されます。

借入の多い少ないは返済力によっても変わってきますが、代表的な指標として、借入金が月商の何か月分かを示す**「借入金月商倍率」**があります。

借入金月商倍率の平均は、だいたい製造業で５～６か月、その他の業種で３～４か月といったところです。

借入金月商倍率が平均以上になってくると、借入が多い会社とみなされる可能性があります。

卸売業であるＡ社の２０１５年の借入金月商倍率は、３・８か月（＝借入金１３０百万円÷平均月商34百万円）ですから、やや注意を要するレベルにあります。

借入金の推移

金融機関	種別	2014年	2015年
A	プロパー	60	55
	保証協会	40	35
	計	100	90
B	プロパー	0	10
	保証協会	30	25
	計	30	35
C	プロパー	10	5
	保証協会	0	0
	計	10	5
計	プロパー	70	70
	保証協会	70	60
	計	140	130

「保証協会の枠がまだ使える」ことは有力な材料になる！

保証協会付き融資と他行の動向がポイント

銀行員は、資金調達余力を探るために、他の金融機関の対応や借入金の内訳のことなどについて、いろいろと質問してきます（上表）。

そのとき、ポイントになりやすいのは、**信用保証協会の利用状況**です。

保証協会の保証が付くなら、ほとんどの金融機関は融資に応じるので、保証協会の枠がまだ使えるということは、非常に有力な材料になります。

保証協会付き融資は、返済が進捗した分について、再度、保証が付くことが多いので、**「前回の利用からどれくらい経ったか」「過去のピーク時の融資残がどれくらいあったか」といった点が重要**になります。

プロパー融資についても、**「他行がどのくらい積極的に融資に応じているか」**がチェックされます。

銀行は、融資先ごとに銀行取引の一覧表を作成しています。融資を実行する際には、銀行間のシェアに大きな変化はないかを必ず確認します。

役員借入金は、さほど問題視されない

社長などからの役員借入金を、銀行はさほど問題視しません。**役員貸付金はダメですが、役員借入金は大丈夫**なのです。

役員借入金の中で、「**返済する必要のない借入金は、負債ではなく自己資本とみなす**」というルールもあるくらいです。

返済する予定がないなら、「返済する予定はない」と伝えたほうが銀行の評価は高くなります。

A社では役員借入金の債務免除を行なっていますが、この手段は、会社が債務超過に陥ることを防ぐ方法として、よく行なわれています。

ただし、債務免除益による税負担や株主への贈与税が発生する場合があるので、税理士とよく相談して行なってください。

「実態バランスシート」はどう作られるか

社長のあずかり知らぬところで「実態バランスシート」が作られている

ここまで見てきたように、銀行はＢＳの資産を減点主義でチェックし、減額していきます。それをまとめたのが「実態バランスシート」です。

売掛金や棚卸資産など、中身がともなっていないと思われる資産を、引き算で修正するわけです。

そうすると、ＢＳは「純資産＝資産－負債」ですから、資産が減れば純資産も同じだけ減ります。

Ａ社の場合は、65百万円あった純資産を75百万円も減らすこととなり、△10百万円の債務超過となりました（次ページ表）。

A社の実態バランスシート

（百万円）

科目	2015年	修正	実態	科目	2015年	修正	実態
現預金	28		28	買掛金	80		80
売掛金	60	−6	54	未払費用	10		10
棚卸資産	102	−34	68	仮受金	5		5
仮払金	5	−5	0	流動負債	95		95
流動資産	195	−45	150	役員借入金	0		0
建物・車両	45		45	長期借入金	130		130
土地	30	−20	10	固定負債	130		130
差入保証金	10		10	負債計	225		225
貸付金	5	−5	0	資本金	10		10
固定資産	90	−25	65	利益剰余金	55	−75	−20
繰延資産	5	−5	0	純資産	65	−75	−10
資産合計	290	−75	215	負債・純資産合計	290	−75	215

債務超過

これで**新規融資はアウト**です。

社長のあずかり知らぬところで、こういった分析が行なわれており、それが、ある日突然、銀行から〝手のひらを返される〟――、という場面につながるわけです。

実質債務超過にどう対処するか

決算書の純資産がプラスで、実態バランスシートで債務超過になることを、**「実質債務超過」**といいます。

実質債務超過の会社がどのように資金調達しているかというと、じつは、銀行から普通に融資を受けていることが少なくありません。

ＢＳに問題があることを、銀行の担当者がある程度、わかっていて見逃しているケースもあれば、本当に気づいていない場合もあります。

いずれにせよ、銀行は、その時点でＢＳを問題視していないということです。

たとえば、不良在庫が発生している状況であれば、普通なら、棚卸資産について評価損を計上するところです。

しかし、そうすると決算書が債務超過となってしまい、新規融資が受けられなくなってしまいます。

このため、ほとんどの会社は、不良資産をオープンにせず、塩漬けにしています。**塩漬けがよいか悪いかはともかく、問題を放置せず、債務超過解消に向けて努力していくことが大事です。**

そこで、**ＰＬ計画**を立てます。

計画といっても簡単です。ＰＬに計上した当期純利益の分だけ、債務超過は減っていくからです。

たとえば、先のＡ社の例なら、債務超過は△10百万円ですから、10百万円以上の当期純利益をあげれば、一応、債務超過は解消します。

さらに利益を積み上げて余裕が出てくれば、不良在庫などについて評価損を計上して処理することも、やりやすくなります。

BSについて、日頃からこのような心構えができていれば、将来、銀行の融資姿勢が厳しくなったときも乗り切れるはずです。


できれば、今後は「中小企業の会計に関する基本要領」(中小会計要領)を取り入れて、会計処理を適正化することも検討しましょう。そうすれば、銀行はアナタの会社の決算書をもっと信じるようになります。

中小会計要領は、中小企業の実態に即してつくられた会計ルールです。国が普及を促進しており、**中小会計要領を採用した中小企業には、保証協会の保証料率が割り引かれるなどのメリットがあります。**

「キャッシュフロー」はどう読まれるか

最も重視されるのは本業（経常収支）

銀行は、キャッシュフロー計算書が広まる以前から、「資金移動表」というキャッシュフロー計算書にそっくりな分析表を使っていました。

資金移動表で最も重要視されるのは「経常収支」です。経常収支の数値は、キャッシュフロー計算書の営業活動キャッシュフローに極めて近い数値です。結局のところ、**キャッシュフローでも「本業」がチェックされるわけです。**

次ページの表は、A社の２０１５年のキャッシュフロー計算書です。

A社は、営業キャッシュフローが17百万円のマイナスです。PLが黒字でも、この数字

A社の2015年のキャッシュフロー計算書（間接法）

（百万円）

営業活動キャッシュフロー	
税金等調整前当期純利益	18
減価償却費	5
営業外収益	△8
営業外費用	4
特別利益	△10
特別損失	0
売上債権の増加額	0
棚卸資産の増加額	△32
買入債務の増加額	10
仮払金の増加額	△5
小計	△18
営業外収益	8
利息の支払額	△4
法人税等の支払額	△3
営業活動キャッシュフロー計	△17
投資活動キャッシュフロー	
貸付金による支出	△5
投資活動キャッシュフロー計	**△5**
財務活動によるキャッシュフロー	
長期借入金の返済による支出	△10
財務活動キャッシュフロー計	**△10**
キャッシュの増加・減少額	**△32**
キャッシュの期首残高	**60**
キャッシュの期末残高	**28**

在庫と仮払金で
本業の資金収支は
赤字か……
赤字

を見た銀行員は疑いの心を抱くことでしょう。

営業キャッシュフローがマイナスということは、本業の資金収支が赤字ということになるからです。

PLが黒字でも、営業活動キャッシュフローが2期連続でマイナスになれば、さすがに銀行も警戒してくるでしょう。

また、銀行は、その会社が、投資活動にどのくらいお金を使っているかという点にも注目します。実際に銀行返済に回せるお金は、営業活動キャッシュフローに投資活動キャッシュフローを足したフリーキャッシュフローの数値になるからです（フリーキャッシュフローについては215ページで解説）。

第 5 章

資金繰りに強い社長が実践する「試算表の読み方」

数字で失敗しない社長は必ず「試算表」を読んでいる

試算表を作っていない会社に事業再生はムリ！

御社では、毎月、「試算表」を作っていますか？

試算表とは、1か月ごとに作るBSとPLのことです。

31ページで試算表の図解を紹介しましたが、会社で実際に使うことが多いのは次ページに例示したような試算表です。

中小企業では、この試算表が「月次決算」の代わりになります。

毎月、この試算表の数字を確認していくことで、「売上が落ちていないか」「赤字になっていないか」「現金が減っていないか」といったことをタイムリーに把握することができ

会社で実際に使われている試算表の例

BS

合計残高試算表（貸借対照表）

平成○年○月○日現在

勘定科目	前残高	借　方	貸　方	残　高	構成比
現金	xxx,xxx	xxx,xxx	xxx,xxx	xx,xxx	x.x
A銀行当座預金	x,xxx,xxx	x,xxx,xxx	x,xxx,xxx	x,xxx,xxx	x.x
B信用金庫	xx,xxx,xxx			xx,xxx,xxx	xx.x
A銀行普通	x,xxx,xxx	xxx,xxx	xx,xxx	x,xxx,xxx	x.x
C銀行普通預金	xxx,xxx,xxx	xx,xxx,xxx	xx,xxx,xxx	xx,xxx,xxx	xx.x
（流動性現預金）	xxx,xxx,xxx	xx,xxx,xxx	xx,xxx,xxx	xxx,xxx,xxx	xx.x
定期預金C	xx,xxx,xxx			xx,xxx,xxx	x.x
（固定性預金）	xx,xxx,xxx	xxx,xxx		xx,xxx,xxx	xx.x
〔現金及び預金〕	xxx,xxx,xxx	xx,xxx,xxx	xx,xxx,xxx	xxx,xxx,xxx	xx.x
売掛金	x,xxx,xxx	xx,xxx,xxx	xx,xxx,xxx	x,xxx,xxx	x.x
［当座資産］	xxx,xxx,xxx	xx,xxx,xxx	xx,xxx,xxx	xxx,xxx,xxx	xx.x
商品	xx,xxx,xxx	x,xxx,xxx	x,xxx,xxx	xx,xxx,xxx	xx.x
〔棚卸資産〕	xx,xxx,xxx	x,xxx,xxx	x,xxx,xxx	xx,xxx,xxx	xx.x
〔投資その他の資産〕	xx,xxx,xxx			xx,xxx,xxx	x.x
［固定資産］	xx,xxx,xxx			xx,xxx,xxx	xx.x
［繰延資産］	x,xxx			x,xxx	x.x
【資産の部】	xxx,xxx,xxx				
買掛金	xx,xxx,xxx				
未払金	x,xxx,xxx				
前受金	xx,xxx,xxx				
預り金	xx,xxx				
従業員預り金	x				
［流動負債］	xx,xxx,xxx				
長期借入金	xx,xxx,xxx				
［固定負債］	xx,xxx,xxx				
【負債の部】	xxx,xxx,xxx				
［資本金］	xx,xxx,xxx				
利益準備金	x,xxx,xxx				
別途積立金	x,xxx,xxx				
繰越利益剰余金	xx,xxx,xxx				
（うち当期純利益）	x,xxx,xxx				
［利益・剰余金］	xx,xxx,xxx				
【純資産の部】	xxx,xxx,xxx				
【負債・純資産の部】	xxx,xxx,xxx				

PL

合計残高試算表（損益計算書）

平成○年○月○日現在

勘定科目	前残高	借　方	貸　方	残　高	構成比
売上高	xxx,xxx,xxx		xx,xxx,xxx	xxx,xxx,xxx	xxx.x
売上値引・戻り	xxx,xxx			xxx,xxx	x.x
（純売上高）	xxx,xxx,xxx		xx,xxx,xxx	xxx,xxx,xxx	xxx.x
［売上原価］	xxx,xxx,xxx	x,xxx,xxx		xxx,xxx,xxx	xx.x
［売上総利益］	xx,xxx,xxx	x,xxx,xxx		xx,xxx,xxx	xx.x
役員報酬	xx,xxx,xxx	x,xxx,xxx		xx,xxx,xxx	x.x
給与手当	xx,xxx,xxx	x,xxx,xxx		xx,xxx,xxx	x.x
賞与	x,xxx,xxx			x,xxx,xxx	x.x
法定福利費	x,xxx,xxx	x,xxx,xxx	xxx,xxx	x,xxx,xxx	x.x
福利厚生費	xx,xxx	xxx		xx,xxx	x.x
（人件費）	xx,xxx,xxx	x,xxx,xxx	xxx,xxx	xx,xxx,xxx	xx.x
広告宣伝費	x,xxx,xxx	xx,xxx		x,xxx,xxx	x.x
保険料	x,xxx,xxx	xxx,xxx		x,xxx,xxx	x.x
車両費	xxx,xxx	xx,xxx		xxx,xxx	x.x
支払報酬	xxx,xxx	xxx,xxx		x,xxx,xxx	x.x
会議費	x,xxx	xx,xxx		xx,xxx	x.x
新聞図書費	xx,xxx	xx,xxx		xx,xxx	x.x
研修費	xxx,xxx	xx,xxx		xxx,xxx	x.x
雑費	xxx,xxx	xx,xxx		xxx,xxx	x.x
（一般管理費）	xx,xxx,xxx	x,xxx,xxx		xx,xxx,xxx	xx.x
〔販売費及び一般管理費〕	xx,xxx,xxx	x,xxx,xxx	xxx,xxx	xx,xxx,xxx	xx.x
［営業利益］	x,xxx,xxx		x,xxx,xxx	x,xxx,xxx	—
受取利息	x,xxx			x,xxx	x.x
雑収入	xxx,xxx			xxx,xxx	x.x
（営業外収益）	x,xxx,xxx		xxx,xxx	x,xxx,xxx	x.x
支払利息割引	xx,xxx	x,xxx		xx,xxx	x.x
雑損失	xxx,xxx			xxx,xxx	x.x
（営業外費用）	xxx,xxx	x,xxx		xxx,xxx	x.x
［経常利益］	x,xxx,xxx		x,xxx,xxx	x,xxx,xxx	—
［税引前当期純利益］	x,xxx,xxx		x,xxx,xxx	x,xxx,xxx	—
［当期純利益］	x,xxx,xxx		x,xxx,xxx	x,xxx,xxx	—
繰越利益剰余金	xx,xxx,xxx			xx,xxx,xxx	xx.x
【繰越利益剰余金】	xx,xxx,xxx		x,xxx,xxx	xx,xxx,xxx	xx.x

ます。

試算表を作っていない会社は〝ドンブリ経営〟にならざるを得ません。いずれ、資金繰りや借入金の返済に支障をきたすことになります。

資金繰りが悪化して、銀行返済をリスケすることになった会社での話です。ベテランの経理担当者（A氏）に試算表の提出をお願いしたところ、次のようなやり取りになりました。

A氏「試算表は作っていません。経理担当者は実質、私1人でして、試算表を作る時間がとれないのです」

私「試算表がなくては御社の状況を銀行に説明することができませんよ。なんとか早めに作成をお願いします」

A氏「できるだけのことはしますが、あいにく私には持病があり、無理ができないのです」

私「しかし……」

A氏「先生から社長に後任の経理を入れるように言ってもらえませんか？　私自身は、この会社をいつやめてもかまわないと考えています」

私「ええっ？　そうなんですか……」

経理担当者がいるのに、試算表を作っていない会社は珍しいです。

Ａ氏はやる気なし。会社は著しい債務超過――。

なんで、こんなことになってしまったのでしょう？　それは、社長が〝ドンブリ経営〟だからです。社長の意識に問題があるのです。

月次試算表から「資金繰りの状態」をつかむ方法

もし御社が、借金を抱えているのに試算表を作っていないのであれば、何はともあれ**「毎月、作る」と決めること**です。

最初は2か月遅れでもかまいません。作りはじめてから、少しずつスピードアップしていけばよいのです。

資金繰りに強い社長は、試算表のＰＬだけではなく、ＢＳを読んでいます

次ページ以降、資金繰りに強い社長の読み方を紹介しますので、参考にしてみてください。

（千円）

勘定科目	前月残高	借方（－）	貸方（＋）	当月残高
買掛金	40,000	23,000	13,000	30,000
短期借入金	20,000	0	0	20,000
未払金	2,000	0	1,000	3,000
預り金	1,000	0	0	1,000
流動負債計	**63,000**	**23,000**	**14,000**	**54,000**
長期借入金	37,000	3,000	0	34,000
固定負債計	**37,000**	**3,000**	**0**	**34,000**
負債合計	**100,000**	**26,000**	**14,000**	**88,000**
資本金	10,000	0	0	10,000
利益剰余金	90,000		7,000	97,000 ③
純資産合計	**100,000**	0	7,000	107,000
負債・純資産合計	**200,000**	**26,000**	**21,000**	**195,000**

①現預金の水準をチェック

まず、「いますぐ使えるお金をいくらもっているか」を左上の現預金の額でチェックします。

現預金の金額が月商以下になっているようだと、資金繰りに余裕があるとはいえません。状況に応じて融資を受けることも検討すべきでしょう。

なお、**定期預金や銀行の担保に入れた預金は「使えるお金」として見ることはできない**ので注意しましょう。

②現預金の増減をチェック

現預金の合計が増えたか、減

試算表（BS側）の読み方　その１

まずはココを見る　①②（現預金計の行）

勘定科目	前月残高	（＋）借方	（－）貸方	当月残高
現金	2,000	1,000	2,000	1,000
普通預金	48,000	41,000	56,000	33,000
定期預金	10,000	1,000		11,000
現預金計	**60,000**	**43,000**	**58,000**	**45,000**
売掛金	55,000	20,000	15,000	60,000
棚卸資産	42,000	10,000	15,000	37,000
流動資産計	**157,000**	**73,000**	**88,000**	**142,000**
建物	32,000	0	0	32,000
什器備品	1,000	0	0	1,000
長期貸付金	10,000	10,000	0	20,000
固定資産計	**43,000**	**10,000**	**0**	**53,000**
資産合計	200,000	83,000	88,000	195,000

ったかを確認します。

現預金の仕訳は、増加が「借方（左）」、減少が「貸方（右）」です。試算表には、通常、銀行名と口座名が記載されていますから、何のお金がいくら入ったかなどをリアルにイメージできるはずです。

上表では、１か月の間に現預金計が６０、０００千円から４５、０００千円となっているので、１５、０００千円減っています。

③利益剰余金をチェック

右下にある利益剰余金をチェ

（千円）

勘定科目	前月残高	（−）借方	（＋）貸方	当月残高
買掛金	40,000	23,000	13,000	30,000
短期借入金	20,000	0	0	20,000
未払金	2,000	0	1,000	3,000
預り金	1,000	0	0	1,000
流動負債計	**63,000**	**23,000**	**14,000**	**54,000**
長期借入金	37,000	3,000	0	34,000
固定負債計	37,000	3,000	0	34,000
負債合計	**100,000**	**26,000**	**14,000**	**88,000**
資本金	10,000	0	0	10,000
利益剰余金 ③	90,000		7,000	97,000
純資産合計	**100,000**	0	7,000	107,000
負債・純資産合計	**200,000**	**26,000**	**21,000**	**195,000**

③PLで計上した利益
（赤字のときは借方に記載される）

ックします。

試算表では、前月末の利益剰余金に、当月の純利益（または損失）を足した金額が当月の利益剰余金の残になります。

上表では利益剰余金が7、000千円増えています。これは、PLの利益で7、000千円のお金を集めた、という意味です。

④資産科目をチェックする

事業活動を通じて前述の利益剰余金をつくり出しているのに、現預金は減っています。

利益が出たにもかかわらず、なぜ現金が減ったのか？　その答え

試算表（BS側）の読み方　その2

勘定科目	前月残高	借方（＋）	貸方（－）	当月残高
現金	2,000	1,000	2,000	1,000
普通預金	48,000	41,000	56,000	33,000
定期預金	10,000	1,000		11,000
現預金計	**60,000**	**43,000**	**58,000**	**45,000**
(a) 売掛金	55,000	20,000	15,000	60,000
(b) 棚卸資産	42,000	10,000	15,000	37,000
流動資産計	**157,000**	**73,000**	**88,000**	**142,000**
建物	32,000	0	0	32,000
什器備品	1,000	0	0	1,000
(c) 長期貸付金	10,000	10,000	0	20,000
固定資産計	**43,000**	**10,000**	**0**	**53,000**
資産合計	**200,000**	**83,000**	**88,000**	**195,000**

④

(a)売掛金が5、000千円増えた

(b)棚卸資産が5、000千円減った

(c)長期貸付金が10,000千円増えた

はBSの中にあります。

資産にある現預金以外の勘定科目は、以下のルールに基づいて読んでいきます。

> ▼資産のルール
> ・資産の増加＝お金を使った
> ・資産の減少＝お金を集めた

(a)売掛金が5、000千円増えた (55,000千円→60,000千円)

売掛金は、商品を売り上げ、あとで代金を受け取る権利のこと。

要するに、**「購入代金を顧客に貸した」**わけです。

お金を貸せば現金は減りますから、売掛金に5、000千円のお金を使ったことになります。

ここで借方と貸方のルールを覚えましょう。借方は「使ったお金」、貸方は「集めたお金」です。売掛金の場合、借方（左）は当月に発生した売掛金、貸方（右）は当月に回収となった売掛金が記載されています。

5、000千円という金額は、発生分20、000千円から回収分15、000千円を引いた「正味の金額」です。試算表から資金繰りの状況を把握するときは、通常、この「正味の金額」をチェックします。つまり、**前月から当月にかけての増減値を見る**わけです。

「増加した売掛金5、000千円を現金で回収していたら……」と考えてみてください。その場合、売掛金は増えず、現金が5、000千円増えていたはずですから、**売掛金の増加は「現金のマイナス」を招くのです。**

(b)棚卸資産が5，000千円減った（42,000千円→37,000千円）

棚卸資産とは、要するに「**在庫**」のことです。5、000千円減ったということは、正味で5、000千円分の在庫を売却処分できたわけですから、それだけお金を集めたことになります。

「5、000千円というのは在庫を買ったときに使ったお金。売ったときは、売った値段でお金が入ってくるんじゃないの?」と疑問に思われた方、そのとおりです。資産に計上された棚卸資産の金額は、あくまで取得価格。在庫を売ったときに入金された金額は売価(5、000千円+利益)となります。

しかし、**BSでは棚卸資産の増減値だけチェックします**。在庫そのものが資金繰りにどう影響したかは、増減値を見ればわかるからです。

在庫を売ったことによる利益はPLに計上され、BSの利益剰余金に加算されることで辻褄が合うようになっています。

(c)長期貸付金が10、000千円増えた(10,000千円→20,000千円)

長期貸付金とは**「返済期限が1年超の貸付金」**のことです。誰かにお金を貸し出して10、000千円を使ったことになります。借方に10、000千円ということは、10、000千円のお金を使ったということです。

(d)買掛金が10,000千円減った

(e)未払金が1、000千円増えた

(f)長期借入金が3,000千円減った

(千円)

勘定科目	前月残高	借方(−)	貸方(+)	当月残高
(d)買掛金	40,000	23,000	13,000	30,000
短期借入金	20,000	0	0	20,000
(e)未払金	2,000	0	1,000	3,000
預り金	1,000	0	0	1,000
流動負債計	**63,000**	**23,000**	**14,000**	**54,000**
(f)長期借入金	37,000	3,000	0	34,000
固定負債計	**37,000**	**3,000**	**0**	**34,000**
負債合計	**100,000**	**26,000**	**14,000**	**88,000**
資本金	10,000	0	0	10,000
利益剰余金	90,000		7,000	97,000
純資産合計	**100,000**	0	7,000	107,000
負債・純資産合計	**200,000**	**26,000**	**21,000**	**195,000**

⑤

⑤負債科目をチェックする

負債の部にある勘定科目は、以下のルールに基づいて読んでいきます。

> **▼負債のルール**
> **・負債の増加＝お金を集めた**
> **・負債の減少＝お金を使った**

(d)買掛金が10、000千円減った（40,000千円→30,000千円）

買掛金は「**仕入先から借りたお金**」。買掛金が減るのは借金の返済と同じなので、上表は買掛金の支払いに正味で10、000千円

試算表（BS側）の読み方（負債科目）

勘定科目	前月残高	(＋) 借方	(－) 貸方	当月残高
現金	2,000	1,000	2,000	1,000
普通預金	48,000	41,000	56,000	33,000
定期預金	10,000	1,000		11,000
現預金計	**60,000**	**43,000**	**58,000**	**45,000**
売掛金	55,000	20,000	15,000	60,000
棚卸資産	42,000	10,000	15,000	37,000
流動資産計	**157,000**	**73,000**	**88,000**	**142,000**
建物	32,000	0	0	32,000
什器備品	1,000	0	0	1,000
長期貸付金	10,000	10,000	0	20,000
固定資産計	**43,000**	**10,000**	**0**	**53,000**
資産合計	200,000	83,000	88,000	195,000

のお金を使ったことになります。借方は使ったお金（買掛金の減少）、貸方は集めたお金（買掛金の発生）ですから、集めたお金より使ったお金のほうが多かったわけです。

買掛金が減少する原因には、支払条件の悪化などが考えられます（例：3か月のサイトを2か月に変更すれば、仕入の1か月分に相当する買掛金が減る）。

(e)未払金が1,000千円増えた

未払金は、**「商品以外のものを買って、まだ払っていないお金」**のことです。未払金も、外からお

金を借りたのと同じことですね。未払金で1、000千円のお金を集めたということになります。

（f）長期借入金が3、000千円減った

長期借入金が3、000千円減ったということは、銀行への元金返済で3、000千円のお金を使ったということです。

ここまでの説明を整理したのが次ページ図になります。

BSの勘定科目の増減（借方と貸方の差額）は、「集めたお金」と「使ったお金」に分けることができます。

この試算表では、「集めたお金」よりも「使ったお金」が多かったので現金が減少しました。

BS科目の増減、特に長期貸付金の増加と買掛金の減少によって現金が減少したことがわかります。

つまり、そこに「資金繰りの改善ポイント」があります。

改めて、**「PLの利益だけ見ていてもダメ」**ということがおわかりいただけたでしょうか。

現預金が減った原因

使ったお金		集めたお金	
売掛金	5,000	利益剰余金	7,000
長期貸付金	10,000	棚卸資産	5,000
買掛金	10,000	未払金	1,000
長期借入金	3,000		
計	28,000	計	13,000

←PLの利益（利益剰余金 7,000）

現預金が15,000千円減少

PLの利益は「集めたお金」の1つに過ぎません。これがいわゆる「勘定合って銭足らず」の状態です。

この読み方に慣れてくると、試算表の数字を目で追うだけで、資金繰りの状況がわかるようになります。ぜひ挑戦してみてください。

着地予想を毎月チェックする会社は赤字になりにくい

月次試算表から「業績」をつかむ方法

今度は試算表のPL側の読み方を見ていきましょう。

PLは、主に売上や利益といった**業績の管理**に使います。前月の1か月分だけ見ても意味がないので、毎月の数字を横に並べた資料を用意します。

フォームは、最低限、予算や前年の実績値との比較ができるようになっていれば、あとはお好みです。①売上の内訳を記載する、②売上総利益率などの利益率をわかるようにする、③四半期ごとの集計欄を設けるなど、必要に応じて形を工夫しましょう。

読み方の例を次ページにまとめたので参考にしてください。

試算表（PL）の読み方

（千円）

科目	××年××月		
	前期実績	今期予算	今期実績
売上高	57,000	60,000	58,000
A商品	27,000	30,000	32,000
B商品	20,000	20,000	19,000
C商品	10,000	10,000	7,000
売上原価	45,600	48,000	47,000
売上総利益	11,400	12,000	11,000
（同上利益率）	20.0%	20.0%	19.0%
販売管理費	11,100	11,200	11,300
人件費	5,700	6,000	6,000
広告宣伝費	600	400	400
荷造運搬費	400	400	700
地代家賃	400	400	400
その他販管費	4,000	4,000	3,800
営業利益	300	800	△300
（同上利益率）	0.5%	1.3%	△0.5%
営業外収益	100	100	100
営業外費用	300	250	250
内、支払利息	250	250	250
経常利益	100	650	△450
（同上利益率）	0.2%	1.1%	△0.8%

予定どおり売上は
あがっているか？

売上総利益（率）
に異常はないか？

経費が増加して
いないか？

利益を確保
できているか？

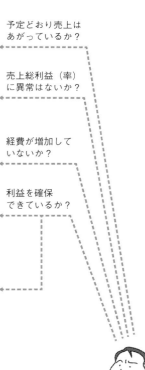

	7月	8月	9月	10月	11月	12月	計	前年同月累計
	530 (93%)	550 (98%)	450 (105%)				4,900	4,900 (96%)
	570 (95%)	560 (104%)	430 (102%)	480 (87%)	520 (93%)	920 (102%)	7,000 (98%)	5,080 (99%)
	600	540	420	550	560	900	7,150	5,140
	568	567	568					

〈読み方の例〉

「8〜9月で昨対比が改善してきているものの、
下降トレンドで、まだ油断できない」

試算表で業績をチェックするとき、ポイントになるのはやはり**「売上」**です。

とても重要なだけに売上数値を冷静に見ることができない社長が多いのですが、**「伸びる傾向か、減る傾向か」という「トレンド」はしっかり読むようにしてください。**

トレンドは、上表のように、過去2〜3年分の月別売上の推移資料を用意し、

①**過去6か月程度の昨対比**
②**年間売上の推移**
③**前年同月の累計値の推移**

などを目で追うことによって判断します。

簡単なチェック方法としては、**移動平均法で売上の推移を見ていく方法**があります。

これは、たとえば、「(当月売上＋直近過去11か

トレンドの読み方

	1月	2月	3月	4月	5月	6月
2015年実績 （昨対）	610 （103%）	510 （94%）	690 （92%）	540 （96%）	520 （95%）	500 （94%）
2014年実績 （昨対）	590 （104%）	540 （106%）	750 （100%）	560 （85%）	550 （102%）	530 （96%）
2013年実績	570	510	750	660	540	550
12か月平均 ※	585	583	578	576	573	571

※12か月平均　＝　（当月売上高＋直近過去11か月の売上）　÷　12

月間の売上）÷12」で12か月の平均売上を毎月求め、その推移を見ていくものです（状況に応じて6か月平均などでもかまいません）。

着地予想は毎月チェックする

業績の良し悪しは1年間のトータルで決まりますから、毎月の試算表も、「このまま進むと決算はどうなるか」を気にしながらチェックすべきです。

毎月、着地予想をチェックしている社長はあまりいません。 大雑把な計算で、「なんとか黒字だろう」で済ませている社長がほとんどです。

そこに甘さが潜んでいることは言うまでもなく、「原価の読みがはずれた」「経費がオーバーしていた」などということもよく起こります。

着地予想の計算は、結構、面倒です。そこで、

着地予想で現状を把握する

	経過月 ①	未経過月 ②	今期予想 ①＋②		今期計画
売上高	150	200	350		350
売上原価	80	110	190		180
売上総利益	70	90	160		170
販売管理費	50	65	115		120
営業利益	20	25	45	比較する	50
営業外収益	5	0	5		5
営業外費用	10	20	30		30
経常利益	15	5	20		25
特別損益	0	10	10		10
税引前利益	15	△5	10		15
法人税等	0	0	0		0
当期純利益	15	△5	10		15

未経過月の「当初の計画値」「前期の実績値」などを加算

毎月、継続して着地予想を確認できるよう、**表計算ソフトで自動計算できるようにしておきましょう。**

たとえば上表のように、経過月までの実績に、未経過月の「当初計画値」「前期の実績値」などを加算し、計画と比較してみます。

着地予想を見ていれば、問題点に対してすぐ手を打つことができるので、会社は赤字になりにくくなります。

銀行は「月次試算表」をどう読むか

業況に大きな変化が起きていないかどうかをチェック

銀行に融資を申し込むと、直近の試算表を提出するように言われます。ここでは、銀行が試算表をどのように見ているかを解説していきます。

(1)格付との関係

銀行融資は、年1回の決算書で決まる「格付」をベースに行なわれています。

格付による融資先の分類は、銀行によって様々ですが、大きくは、

①積極対応先
②現状維持先
③消極対応先

の3つになります。

私が見るところ、**銀行の試算表のチェックの仕方は、格付によってかなり変化します。**

1つひとつ見ていきましょう。

①積極対応先

財務内容が良好で、資産余力もあり、銀行が積極的に融資シェアを拡大しようと考えている取引先です。

積極対応先に該当している場合、試算表は、業況に大きな変化が起きていないかどうかのチェックが中心で、**あまりシビアな見方はされません。**

②現状維持先

業績が不安定、既往の貸出が担保割れしているなど、銀行から見た内容が少々よくない取引先です。

債務者区分は正常先から要注意先まであり、新規融資の場合は案件ごとに対応が決まります。

このため、試算表も、**「売上が予定どおり計上されているか」「赤字体質に陥っていないか」**など一定の警戒心をもってチェックされます。

③消極対応先

業況や貸出条件に問題があり、新規貸出に応じられない取引先です。前向きな取組みが難しい会社に対しては、「あまり労力や時間をかけたくない」というのが、おそらく銀行員の本音でしょう。

このため、試算表の見方は、**様子を眺めるという程度**で、細かいチェックが入ることはありません。

(2)決算書のトレンドと試算表の関係

業績の動きは1年以上にわたって継続することが多いため、**銀行は、決算書の損益のトレンド（特に売上）を非常に重視します。**

たとえば、前期まで増収増益を続けていた会社の試算表は、その分、楽観的にチェックされます。多少、足元の業績が悪化していたとしても、いよいよ決算が赤字になるという段階まで判断は先送りされます。

逆に、減収傾向にある会社の試算表は悲観的にチェックされます。足元の数値がよくなってきていても、ただちに評価は改善しません。

（3）ＰＬの確認項目

①月商の推移

試算表で、銀行が最も注目する数値は、やはり**売上高**です。

特に月商の分析は、銀行員の得意技です。**各月の月商を前年比で比較**し、業績に変化がないかどうかを把握しようとします。

②利益の状況

経常利益や税引後利益で、赤字を計上していないかがチェックされます。

ただし、試算表が赤字になったからといって、ただちに銀行の取引方針が変更されるわけではありません。

その赤字が一時的なものか、慢性的なものかが重要で、一時的なものであるということがはっきりしていれば、必ずしも問題視されません。

③着地予想

上場企業は四半期ごとに業績を問われますが、中小企業の場合は決算書で格付が行なわれます。このため、「第一四半期が赤字だったから融資をしない」というようなことを銀行が言ってくるのはまれです。

銀行として気になるのは、次の決算が黒字になるのか、赤字になるのか、という点です。このため、半期を過ぎた頃から、決算の着地が問題になってきます。

たとえば、12月決算の会社の9月末の試算表が、累計で1000万円の赤字だったとすれば、10~12月の3か月で1000万円以上の利益をあげ、通期を黒字にすることについて説明を求められます。

銀行には、今期損益の着地予想（月次損益を積み上げた計画数値）を提出すると効果的です。

(4) BSの確認項目

銀行は、資金繰りの実態を把握するため、BSの主要数値の推移に注目します。たとえば、**「現預金」「受取手形」「売掛金」「棚卸資産」「貸付金」「支払手形」「買掛金」「借入金」**などです。

これらの勘定科目について、**銀行員は、「大体このくらいの金額」というイメージをあらかじめもっている**ことが多く、主に、そのイメージと試算表の金額との差について質問をしてきます。

第 6 章

リスケにならない
借入返済の基礎知識

リスケから抜け出すのは容易ではない

リスケを依頼すると「倒産予備軍」と思われてしまう

まず、銀行からの借入がある会社の社長に、知っておいてほしいことがあります。それは、**「リスケから抜け出すのは本当に大変」**ということです。

改めて説明すると、リスケとは、リスケジュールの略で、一定期間、銀行に毎月の返済額を減額してもらう手続きのことです。

たとえば、元金を毎月１００万円返済していた会社が、「引き続き、利息は払いますから、しばらくの間、１００万円をゼロにしてください」と銀行にお願いして、契約を変更してもらうのがリスケです。

返済猶予、条件変更などともいいますが、銀行員は普通に「リスケ」と呼んでいます。

リスケは、あくまでも資金繰りに行き詰まった会社がとる手段です。

本当なら延滞になるところを、契約変更でしのぐわけですから、銀行から警戒されます。**実際、銀行にリスケを依頼すると、倒産予備軍の会社のように思われ、ほとんどの場合、新規融資が受けられなくなります。**

半年や1年で正常化するケースはまれ

もちろん、業績が回復して、リスケから抜け出せれば、再び融資を受けられるようになります。

しかし、それまでの道のりは決して楽なものではありません。

そもそも、半年や1年でリスケ先が正常化するケースはまれです。多くの会社は、半年後か1年後に再度リスケし、その後、数年にわたって再リスケを繰り返します。その間は一切融資を受けずに、自力で資金繰りを回さなければなりません。

中小企業金融円滑化法が終了したあとも、銀行は積極的にリスケに応じているようです。しかし、それは入口の話に過ぎません。リスケから抜け出す確たる出口が用意されているわけではないのです。

にもかかわらず、多くの会社は借入返済のことには〝どんぶり勘定〟で、銀行から新たに借りたお金で既往の借入を返済する**「借換え体質」**に陥りがちです。

借換え体質をよしとする経営は、とても危険です。不況になったり、銀行の融資姿勢が変わったりすれば、すぐにリスケになってしまうからです（借換え体質については203ページ参照）。

金融円滑化法は、もうとっくの前に終わっています。いまこそリスケを確実に回避するための正しい知識をもち、それを実行していく必要があるのです。

利息は「返す」ものではなく「払う」もの

質問に対する社長の答え方で財務知識の有無がわかってしまう！

「いま、銀行にいくら返していますか？」と聞かれたら、アナタはどう答えますか。

この質問に対し、「元金と利息を合わせてだいたい×××円くらいだったかなあ」と、毎月、**銀行に支払っている元利合計額を答える社長**が少なくありません。

答えとしては別に間違っていませんが、会社の社長としては、少し頼りない答え方だと思います。**「社長があまり財務に強くない」ということが、すぐにわかってしまう回答の仕方**だからです。

会社の財務に慣れている社長なら、この質問に対し、「毎月の返済額は○○○円です」

損益計算書

（自2015年１月１日　至2015年12月31日）

売　上　高		
売上原価	－）	
売上総利益		
販売費及び一般管理費	－）	
営業利益		
営業外収益	＋）	
営業外費用	－）	1,638
経常利益		
特別利益	＋）	
特別損失	－）	
税引前利益		
法人税等	－）	
当期純利益		

と元金の金額を答えるでしょう。決算書では、**銀行に返している金額は元金を指すのが当たり前**だからです。

上表は、借入を行なったとき、銀行から渡される返済予定表です。

見たことのある方も多いと思いますが、返済予定表には、毎月、銀行に支払う金額が、元金と利息に分けて記載されています。

元金は、その名のとおり、払うと元々の借金を返したことになり、借入残高が減ります。

返済予定表と損益計算書（PL）の関係

返済予定表　（千円）

返済回数	返済日	返済金額	元金	利息	融資残高
12					60,000
13	2015/1/30	1,150	1,000	150	59,000
14	2015/2/27	1,148	1,000	148	58,000
15	2015/3/31	1,145	1,000	145	57,000
16	2015/4/30	1,143	1,000	143	56,000
17	2015/5/29	1,140	1,000	140	55,000
18	2015/6/30	1,138	1,000	138	54,000
19	2015/7/31	1,135	1,000	135	53,000
20	2015/8/31	1,133	1,000	133	52,000
21	2015/9/30	1,130	1,000	130	51,000
22	2015/10/30	1,128	1,000	128	50,000
23	2015/11/30	1,125	1,000	125	49,000
24	2015/12/31	1,123	1,000	123	48,000
計		13,638	12,000	1,638	

一方の利息は、払っても借入残高は減りません。

利息は、借入残高に金利を掛けたものです。銀行にとっては「売上」であり、会社にとっては「費用」です。

利息は費用ですから、「返す」ものではなく「払う」ものです。

したがって、本当は「利息を返済する」という表現はおかしいのですが、巷ではあまり厳密に扱われていません。

銀行員は、よく**「利払い」**という言い方をしますが、これが正解でしょう。

貸借対照表
（2014年12月31日現在）

資　産		負　債	
現　　金		買　掛　金	
売　掛　金		借　入　金	60,000
商　　品		未　払　金	
備　　品		純　資　産	
建　　物		資　本　金	
		利益剰余金	

▲12,000

貸借対照表
（2015年12月31日現在）

資　産		負　債	
現　　金		買　掛　金	
売　掛　金		借　入　金	48,000
商　　品		未　払　金	
備　　品		純　資　産	
建　　物		資　本　金	
		利益剰余金	

利息と元金を分けてとらえるのは、正しい借入返済を理解するための第一歩です。

費用である利息は、〝儲け〟を表わす資料である損益計算書（ＰＬ）に「支払利息」として計上されます。計上される金額は、決算期の期首から期末までの1年分の利息です。

一方、元金は、いくら返済しようとＰＬには記載されません。なぜなら、元金を借りたり返したりすることは〝儲け〟と関係がないからです。

返済予定表と貸借対照表（BS）の関係

返済予定表　（千円）

返済回数	返済日	返済金額	元金	利息	融資残高
12					60,000
13	2015/1/30	1,150	1,000	150	59,000
14	2015/2/27	1,148	1,000	148	58,000
15	2015/3/31	1,145	1,000	145	57,000
16	2015/4/30	1,143	1,000	143	56,000
17	2015/5/29	1,140	1,000	140	55,000
18	2015/6/30	1,138	1,000	138	54,000
19	2015/7/31	1,135	1,000	135	53,000
20	2015/8/31	1,133	1,000	133	52,000
21	2015/9/30	1,130	1,000	130	51,000
22	2015/10/30	1,128	1,000	128	50,000
23	2015/11/30	1,125	1,000	125	49,000
24	2015/12/31	1,123	1,000	123	48,000
計		13,638	12,000	1,638	

1年間の元金返済額

元金返済が記載されるのは前ページ表のとおり、貸借対照表（BS）です。

BSは、決算日時点で、資産、負債、純資産をいくらもっているかという「残高」が記載された資料でしたね。

したがって、元金返済の金額は直接、記載されず、BSの借入金が減少する形として表記されます。

間違った経営目標がリスケを招く

資金繰りのポイントは長期借入金の返済

利息はＰＬの費用として支払われますが、元金はどこから返すのでしょうか。借入金には「短期借入金」と「長期借入金」の２つがあり、短期と長期では元金の返し方が異なります。

「短期借入金」は1年以内に返済期限が到来する借入で、「長期借入金」は1年を超えて返済期限が到来する借入です。

貸借対照表では、ワン・イヤー・ルールに基づき、短期借入金は「流動負債」、長期借入金は「固定負債」に表示されます。

実際に、銀行からの借入が短期になるか長期になるかは、銀行の判断で決まります。

ポイントは、その借入金を何に使うかという**「資金使途」**です。銀行は、資金使途から見て、短期で返せるものは短期借入金、短期で返せないものは長期借入金として融資を実行します。

一般に、返済期間が短いほうが貸付金の回収リスクは低くなるため、**「必要以上に長い返済期間は認めない」というのが銀行の基本姿勢です。**

毎月の約定返済が付いた長期借入金は、会社の利益（儲け）によって返します。

長期借入金の資金使途で最も大きいのは、土地や建物、機械装置などを購入するための「設備資金」です。設備投資に使ったお金を、利益で返済しなければならないということは、誰でもわかると思います。

赤字が累積したことで発生する「赤字資金」の借入も、通常は長期で借りることになります。赤字による借金は、黒字（＝利益）で少しずつ返していくしかないからです。

「仕入→在庫→販売」のサイクルで経常的に必要となる「経常運転資金」（銀行用語でいうと「正常運転資金」）については、かつて1年以内の手形貸付を継続的に書き換えていく短期融資が用いられていましたが、最近では約定返済の付いた長期で実行されることが多くなりました。

したがって、長期で借りた場合、経常運転資金も利益で返していかなければなりません。

銀行返済をリスケする会社のほとんどは、この長期借入金に付随する毎月の約定返済に耐えられなくなってリスケを申請しています。

なぜそうなるかというと、**長期借入金は、会社が将来あげる利益を前借りしているようなものだから**です。利益を前もって借りているから、不況になると返せなくなるのです。

にもかかわらず、**多くの社長は、長期借入金の約定返済を滞りなく行なうだけの利益をあげることを経営目標にしていません。**

ここに改善すべきポイントがあるのです。

長期借入金の返済に必要な〝儲け〟が簡単にわかる方法

目安はPLから計算することができる

前項で、経営目標を、「長期借入金を滞りなく行なえる利益をあげること」に設定するのがポイントであると書きました。

本業の利益で借入金を返済することを**「収益弁済」**といいます。

では、長期借入金の収益弁済に必要な〝儲け〟の額は、どのように計算すればよいのでしょうか。

正確な金額を計算するには、キャッシュフローの計算が必要なのですが、ここでは、目安となる額が簡単にわかる方法を紹介します。

目安となる額は損益計算書から計算することができます。計算式は次のとおりです。

収益弁済に必要な〝儲け〟の額　＝　当期純利益　＋　減価償却費

いたってシンプルですね。

つまり、損益計算書の「当期純利益＋減価償却費」と返済予定表の金額を比べてみて、次の状態になっていれば、利益で借入金を返済できている、ということになります。

当期純利益　＋　減価償却費　＞　長期借入金の元金返済額

逆に、**「当期純利益＋減価償却費＜長期借入金の元金返済額」になっていると、借入金の返済をカバーするだけの利益があがっていないということ**です。

この場合は、現金を減らしたり、追加の借入をすることで返済を行なっています。

つまり、資金繰りの〝やりくり〟で返済しており、実際には借金を返せていないということです。

経営者向けのセミナーで、私は必ず「収益弁済が大事」という話をするのですが、ほとんどの社長は、この計算式のところでサエない表情になってしまいます。

「当期純利益＋減価償却費」が、なぜ元金返済に回るのかピンとこない、ということのようです。

「当期純利益＋減価償却費」はあくまでも目安ですが、計算式が単純な分、誰にでも計算できるというメリットがあります。

まずはこの計算を行なって、**「借金を返すのに、だいたい利益がいくら必要か」を考えてほしいのです。**このことは決してムダにはなりません。

やや上級者向けになりますが、この本の第3章（92ページ）で「特別損益」について学んだ方は、収益弁済の計算式を**「経常利益＋減価償却費－法人税等」**と覚えてください。こう計算すると、「当期純利益＋減価償却費」から、特別な要因で一時的に発生した特別損益をはずすことになります。

借入金は、特別なことがあろうとなかろうと、必ず返済しないといけませんよね。だから、収益弁済に必要な儲けは、特別損益の影響を除外した「経常利益＋減価償却費－法人税等」で計算したほうがよいのです（この他にも、特別損益の数値は、多くの場合、キャッシュフローと一致しないという問題もあります）。

収益弁済のイメージを押さえよう

自力で資金調達する流れをつかもう

第2章（53ページ）で述べたとおり、ＰＬであげた利益をＢＳの純資産にため込むことは「資金調達」を意味します。

純資産に利益をため込むことを「内部留保」といいますが、収益弁済も、基本的には内部留保と同じ流れで行なうことになります。

その流れは、次ページ図のとおり、

①「当期純利益＋減価償却費」が利益剰余金にため込まれる
②その結果、現金が増加する
③増加した現金で、借入金の元金を返済する

収益弁済は内部留保と同じ流れで行なわれる

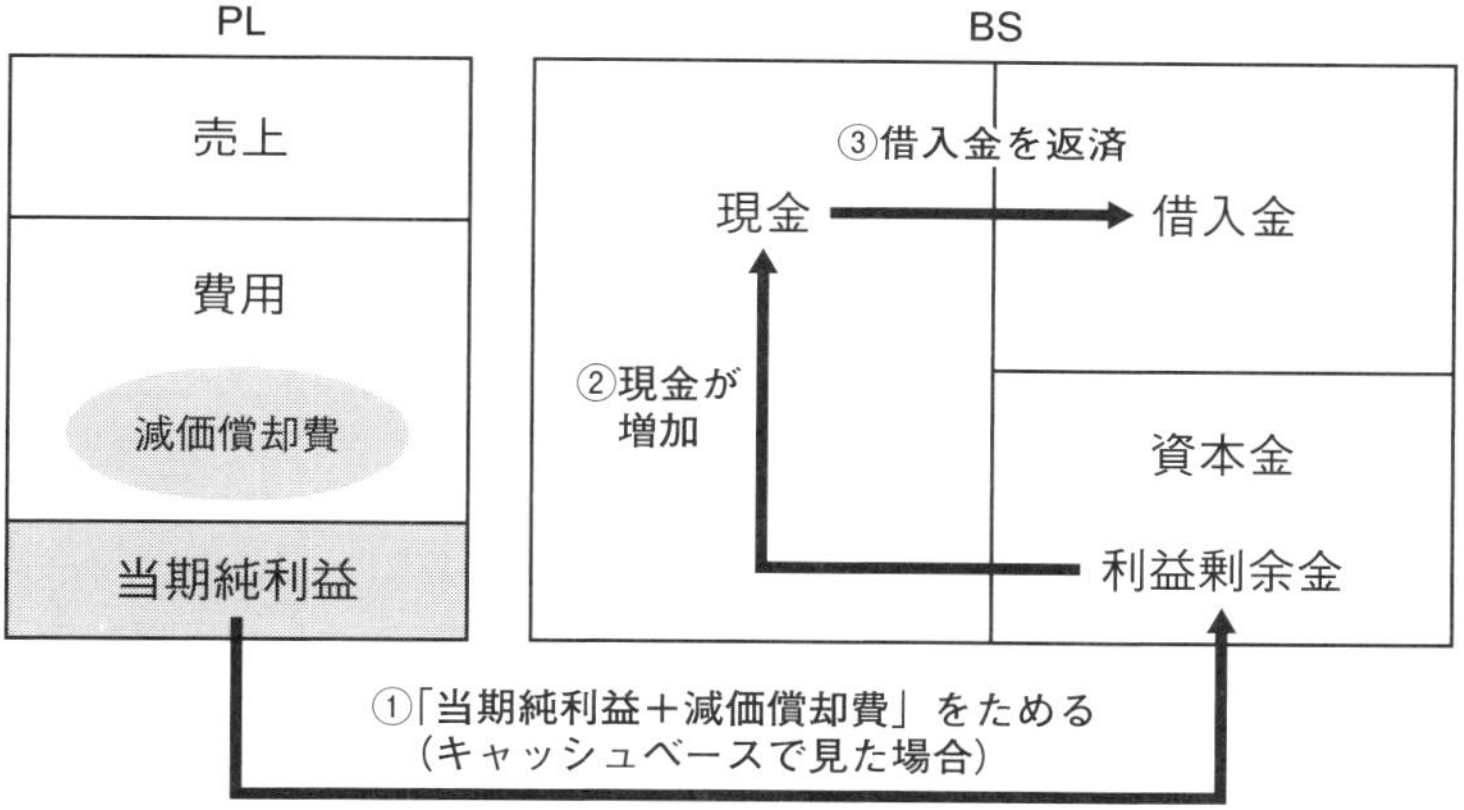

となります。

減価償却費は「キャッシュアウトをともなわない費用」です。

減価償却費は費用として利益を減らしますが、これは〝机上の手続き〟であって、キャッシュアウトがありません（84ページ参照）。

だから、借入返済に回すことができるのです。

当期純利益に足すのは、「減価償却をなかったことにするための計算」と考えてください。

返済予定を「年単位」で把握しないとコントロール不能に陥る

新しい借入が1本加わるだけで、ややこしい計算に……

長期借入金の返済額については、「月々いくら返済している」ではなく「年単位」で把握しないと、**資金繰りをコントロールすることができません。**

次ページ表を見てください。長期借入の融資残高が60，000千円で、毎月1，000千円の返済予定です。この状態を期首（1月）と期末（12月）で見た借入金の増減値として整理すると、1年間で12，000千円、2年間で24，000千円の返済予定となります。

ここまでは、いたって当たり前の話ですね。もし、借入が何口かに分かれているなら、返済予定表を全部集めてきて返済額を足し合わせれば、会社の年間返済額がわかります。

既往借入の返済予定

返済予定表

（千円）

返済回数	返済日	返済金額	うち元金	うち利息	融資残高	
12	2014/12/31	1,153	1,000	153	60,000	
13	2015/ 1/30	1,150	1,000	150	59,000	1年目
14	2015/ 2/27	1,148	1,000	148	58,000	1年目
15	2015/ 3/31	1,145	1,000	145	57,000	1年目
16	2015/ 4/30	1,143	1,000	143	56,000	1年目
17	2015/ 5/29	1,140	1,000	140	55,000	1年目
18	2015/ 6/30	1,138	1,000	138	54,000	1年目
19	2015/ 7/31	1,135	1,000	135	53,000	1年目
20	2015/ 8/31	1,133	1,000	133	52,000	1年目
21	2015/ 9/30	1,130	1,000	130	51,000	1年目
22	2015/10/30	1,128	1,000	128	50,000	1年目
23	2015/11/30	1,125	1,000	125	49,000	1年目
24	2015/12/31	1,123	1,000	123	48,000	1年目
25	2016/ 1/29	1,120	1,000	120	47,000	2年目
26	2016/ 2/29	1,118	1,000	118	46,000	2年目
27	2016/ 3/31	1,115	1,000	115	45,000	2年目
28	2016/ 4/28	1,113	1,000	113	44,000	2年目

（千円）

1年目			2年目			2年間の増減
期首残高	期末残高	増減	期首残高	期末残高	増減	
60,000	48,000	△12,000	48,000	36,000	△12,000	△24,000

さて、この状況で、会社の売上が下がり、赤字に陥ったとします。

長期借入金の返済財源は「利益」です。会社が赤字ということであれば、毎月の返済で手持ちの資金がどんどん減っていき、最後には完全に資金が枯渇することになります。

そこで、社長は、恐るおそる銀行員に資金繰りを相談しました。

社長「最近、売上が下がって、資金繰りがきついんですよね」

銀行員「そうですか。**御社になら、まだまだ貸せますよ**。もっと借りたらどうです」

社長「えっ、まだ借りられるんですか？」

このやり取りを経て、期首に30、000千円を返済期間5年で借りることができました。

追加融資を受けることによって、年間の返済予定は、次ページ表のように変化します。

「増減」は、借入から返済を引いた「実質的な返済額」を意味します。

追加融資を受けた場合、1年目は借入の効果で12、000千円のプラスになります。

要するに、**1年目は赤字であっても資金繰りはなんとか回る**ということです。

しかし、**2年目は返済だけになる**ので18、000千円マイナスとなり、2年間の通算では6、000千円のマイナスになります。

2年目は、会社を黒字にして18、000千円を返済しないと**資金が再び枯渇してしま**

追加融資を受けることによる返済予定の変化

元々の返済予定 （千円）

1年目			2年目			2年間の増減
期首残高	期末残高	増減	期首残高	期末残高	増減	
60,000	48,000	△12,000	48,000	36,000	△12,000	△24,000

↓

追加で30,000千円（期間５年・年返済6,000千円）を借りた場合 （千円）

1年目			2年目			2年間の増減
期首残高	期末残高	増減	期首残高	期末残高	増減	
60,000	72,000	12,000	72,000	54,000	△18,000	△6,000

1年目の増減（12,000）の内訳：

既往借入の返済 △12,000
追加融資の借入 ＋30,000
追加融資の返済 △6,000

2年目の増減（△18,000）の内訳：

既往借入の返済 △12,000
追加融資の借入 0
追加融資の返済 △6,000

うわけです。

新しい借入が1本加わるだけで、ややこしい計算になると思いませんか？

この増減値には、**「財務活動キャッシュフロー」**というきちんとした呼び名があります。借入金の「借りて返す」を年単位で見た数字です。

2年目以降の返済を見ているか

中小企業がリスケになる原因の1つは、2年目の返済を見ていないことです。

社長は毎月の返済がいくらかまでは把握していますが、感覚は「木を見て森を見ず」。**この先どうなっていくのか、ピンときていない**のです。

一方で、追加融資のお金が振り込まれると、資金繰りはかなりラクになります。**足元の返済しか見ていない社長は、この場面で間違いなく油断します。**「そのうち売上が戻ってくるさ」と急に楽観的になり、コストダウンなどの改善策について、いろいろな理由をつけて実施を先送りしてしまいます。

社長によってはここで新規事業に手を出し、一発逆転を狙います。しかし、本業が赤字の状態で新規事業を手掛けても、力が分散し、うまくいくはずがありません。

こうして、追加融資を受けても、1~2年後に再び返済に追われるようになり、最後にはリスケを申請することになるのです。

181ページの表が意味するのは、**「追加融資で得られる時間的な猶予は1年程度に過ぎない」**ということです。1年目の資金繰りがラクだからといって、利益面など抜本的な対策に着手しないでいると、2年目以降、あっという間に資金繰りが悪化していくのです。**この当たり前の事実を見落としている中小企業が多すぎます。**

資金繰りに困って、銀行から追加融資を受けたときこそ、一番慎重になるべきタイミング。そのためには、年単位で返済予定を把握することが必要不可欠なのです。

財務体質は社長の「借入返済に対する意識」で決まる

銀行員の一言で経営方針がガラッと変わる社長は危ない

私は中小企業の社外CFO（財務責任者）として、これまで倒産寸前の会社から無借金の優良会社まで、幅広い会社に関与してきました。

そんな私がいま、確信をもって言えるのは、**会社の業績や財務体質は、社長の「借入返済に対する意識」に大きく影響を受ける**ということです。

リスケになりにくい会社となりやすい会社の違いを整理したのが次ページ表です。

リスケになりにくい会社は、日頃から「借金は利益（儲け）で返すもの」と考えています。このため、**営業利益にこだわり、安易に追加融資を受けません。**

リスケになりやすい会社となりにくい会社の違い

リスケになりにくい会社	リスケになりやすい会社
• 借金は利益で返すものと考える • 返すものは返す、借りるものは借りる、とメリハリがあり、借金が少ない • 借金は手段に過ぎず、銀行を過大視しない • 不採算事業に執着しない • 適正な会計で本当の数字を見ている • 粉飾してまで借金しない • 毎月、試算表を作成して、会議を開いている • 社員に数字をオープンにしている • 利益を計上して、自己資本比率が高い • 経営にスピード感がある	• 借金を利益で返そうという意識が曖昧 • “借りて、返す”を繰り返す自転車操業で、借金が多い • 借金が目的化し、銀行を恐れている • 不採算事業に執着する • 歪んだ会計で本当の数字を見ていない • 借りるために決算を粉飾する • 銀行に言われたときしか試算表を作らない • 密室経営で、社員に数字を見せない • 節税主義で、自己資本比率が低い • 変化を好まず、経営にスピード感がない

単に借金が嫌いとか、萎縮しているということではなく、チャンスがあれば、新たに借入をして投資もします。

要するに、**「返すものは返して、借りるものは借りて」というメリハリがあります。**

これに対して、**リスケになりやすい会社**は、借金を利益で返そうという意識が曖昧です。

「古い借入を新しい借入で借り換える」という、**自転車操業的な経営**に甘んじているケースが大半です。

このスタイルに傾きやすいの

は、**変化を好まない年配の社長**です。内心では銀行をとても恐れており、**銀行員の一言でガラッと経営方針が変わったりします。**

いまどき借金が好きな社長はいないはずですが、後者のような古いスタイルの経営を続ける社長も少なくありません。

昔なら、それでなんとかなったのかもしれませんが、これからは、そんな経営は通用しません。**経営には利益が絶対に必要**だからです。

利益とは、お客様の評価でもあります。借金にあぐらをかいて利益獲得に努力しない会社が生き残れるほど、いまの環境は甘くありません。

常に「収益弁済」の基本に立ち返らないと泥沼にはまる

資金繰りが苦しいときに、追加融資を受けることが悪いわけではありません。むしろ、そういうときは、**十分な金額の融資を受けてリスケを回避すべき**です。

リスケには、融資が受けられなくなるなどのデメリットがあります。追加融資を受けら

追加融資を受けたあとの対応

追加融資で資金繰りに対応

（千円）

1年目			2年目			3年目		
期首残高	期末残高	増減	期首残高	期末残高	増減	期首残高	期末残高	増減
60,000	72,000	12,000	72,000	54,000	−18,000	54,000	36,000	−18,000

２年目以降の返済を先読みし、
「当期純利益＋減価償却費」で返せないかを考える

れるのなら、しばらくの間、借りたお金で返すようにすればよいのです。

問題は追加融資を受けたあとにどうするか。何度も繰り返して恐縮ですが、**収益弁済を目指していくことが大切**です。上表のように、2年目以降の元金返済18、000千円を先読みし、収益弁済できるように「当期純利益＋減価償却費」の年間利益計画を立て、それを実行します。

このように言うと、必ず「中小企業に収益弁済なんてできるわけがない」と納得しない人が出てきます。

おっしゃるとおり、それだけの利益をあげるのは容易なことではありません。

しかし、ここでは、**「できる、できない」ではなく、「収益弁済するつもりがあるか、どうか」が問題**なのです。

まずは教科書どおりに、自力でどこまで返せるかを考えてみて、足りないお金を借りるようにする。そうすれば、財務体質のよい会社になっていくことは、火を見るより明らかです。

その際、必ずしも綿密な数値計画を作らなくても大丈夫です。「返済にはこのくらいの利益が必要」ということを意識するだけでもよいのです。

リスケに追い込まれる会社の多くは、「借りて、返す」が当たり前になって、収益弁済の基本から逸脱した会社です。

ここに中小企業の経営の大きなポイントがあるのです。

COLUMN

業績数字をオープンにすると社員の愚痴は減る

月次業績管理で大事なのは、数字から判明した課題に対し、どんどん手を打っていくことです。

そのためには、毎月、予算達成会議を開いて、社員から話を聞くことが欠かせません。**「いかにして社員を巻き込むか」がポイント**なのです。

「悪い数字を見たら社員が辞めてしまいそう」「給料への不満を言い出すのではないか」「情報が外部に漏れると困る」といったことを気にして、社員に本当の数字を見せないようにしている会社は少なくありません。

しかし、私は、数字を見せることのリスクよりも、見せないことの弊害のほうがはるかに大きいと考えています。

数字を見せない会社では、社長と社員の関係が「雇う側」と「雇われる側」になってしまいます。この場合、業績が悪化して社員に満足な給料を払えなくなると、「悪いのは全部社長」になります。

逆に、普段から数字をオープンにしている会社では、社員が経営者に近い感覚をもっているため、急場しのぎで社員の給料を下げることになっても、「なんとか頑張って社長についていこう」と考える社員が多くなります。

この違いは、第三者としてコンサル先の社員にインタビューするとよくわかります。**数字を見せられていない会社の社員は、本当に愚痴が多いです！**　不満の声のオンパレードなのです。

数字をオープンにすることは「社員教育」です。積極的に取り組むことをお勧めします。

第 7 章

お金のことで悩まない社長になるための応用知識

借りる目的で取引銀行を増やさない

年商5億円くらいまでなら3つでも十分

よく「中小企業も複数の銀行と取引すべき」と言われます。

ただし、これは1つの金融機関とだけ付き合う一行取引がよくないという話であって、むやみやたらに取引銀行を増やすべき、ということではありません。

会社にもよるでしょうが、年商5億円くらいまでの中小企業であれば、地銀、信金、メガバンク、日本政策金融公庫の中から3つくらいで十分だと思います。

中小企業で、**借入のある銀行が5つも6つもあるという会社は、やはり財務体質の悪い会社であることが多い**からです。

取引銀行が多いということは、**それだけ無理のある借入を行なってきた証拠**。既存の銀行から借りられないから、取引銀行が増えていくのです。

一行取引は、その銀行の意向で、借入金額や金利などがすべて決まってしまいます。したがって、やはりリスクが高いといえます。

できれば、もう1つ、サブバンク的な銀行をつくり、何かあったときに相談できるようにしておくのがベターです。

これまで取引のなかった銀行から、付き合いで1本借りて返済実績をつくっておく、というのもよい取組みです。そういう趣旨で銀行数が増えるのは、まったくかまいません。

最近の銀行は、融資だけではなく、取引先を紹介してくれたり、補助金の申請を手伝ってくれたりなど、経営支援サービスにも力を入れています。

要は、資金繰りを借入に依存せずに、銀行のサービスをうまく利用すればよいのです。

「借入余力」を理由に貸してくる銀行に歩調を合わせてはいけない

銀行員のおだてに弱い社長は要注意

銀行は、その会社が本業の利益できちんと借入金を返済しているかどうかを問わず、「借りてくれ」と言ってきます。

なぜ、本業の利益で借入金を返済していない会社にも融資が行なわれるかというと、**銀行は「借入余力」を織り込んで融資審査を行なっている**からです。

たとえば、信用保証協会付き融資をあまり使っていない会社は、保証枠が残っているので、追加で借りることができる可能性の高い会社と判断されます。

そういう会社に対して銀行は、**「資金繰りに困ったときは、借入のやりくりでなんとかするだろう」**という考えで融資を実行します。

「やりくり」とは「借りて、返す」の繰り返しですから、借金は減りません。

しかし、銀行にとっては、その会社が借金をきれいに返せるかどうかは、さほど重要な問題ではありません。いや、むしろ**借金を返せないほうが銀行にとって都合がよい**のです。

オーバーバンキングという言葉をご存じですか。これは、高齢化の進展で、人口や中小企業の数が減っているのに、銀行が多すぎるという意味です。

借り手である中小企業が減少するなか、収益弁済されて困るのは銀行のほうです。**銀行が儲ける相手として都合がよいのは、高収益でどんどん返済を進めてくる会社ではありません。低収益で何回も借りてくれる会社です。**

過当競争に陥っている最近の銀行は、以前のような強い存在ではありません。融資残高を維持するために、要注意先の会社への営業を強化する銀行もあるくらいです。

地方銀行や信用金庫がリスケに応じている背景にも、過当競争があるように思います。

そんな銀行の提案にのっていれば、借金が多い、財務体質の悪い会社になってしまうことは目に見えています。

しかし、ほとんどの社長は、そのことに気づかず、銀行員のセールストークにのせられてしまいます。

「銀行が貸したいって言ってくるんだから、ウチの会社は大丈夫」と油断します。

あまり指摘されていませんが、リスケになる会社が多いのは、不況のせいだけではなく、銀行の貸出審査が甘いからです。

ここは**社長が絶対に気を付けるべき重要ポイント**です。

リスケに追い込まれた会社を見ると、銀行が簡単に追加融資に応じてくれることで、社長自身が「借入金は借りたお金で返せばいい」と勘違いしていたケースが本当に多いです。借入余力をあてにして貸し込んでくる銀行に歩調を合わせるから、失敗したのです。

「借りられる」ということと「返せる」は、まったく別のこと。最近の銀行には、特にそのことを意識して対応すべきです。

税理士・会計事務所に頼りすぎてはいけない

必ずしも資金繰りに詳しいとは限らない！

税理士はあくまでも税務の専門家。**経営や資金繰りについて、実践的なアドバイスができる税理士は、そう多くありません。**

しかし、数字のことが苦手な社長は、そのあたりが見抜けないので、「税理士の先生は全部わかっている」という前提で頼ってしまいます。

先生の話は、接待費がどうとか、税金の還付がどうとか、税務の話が多くて、やたら難しい。社長は、肝心な経営の数字がちんぷんかんぷんなまま、借金を重ねる――。

過去にリスケに追い込まれた会社を見ると、そんなケースが決して少なくないのです。

以前、経営診断を依頼された会社で、こんなことがありました。

その会社は、前期に比べ大幅に売上が伸びており、試算表でも十分に利益があがっていました。ところが、決算期を迎えて、できあがった決算書を見ると、なんと営業利益がマイナスになっています。驚いた私は、すぐ社長に電話しました。

社長「えっ、営業利益が赤字ですか？　すみません。よく見ていませんでした」

私「すみませんって、私に謝ってもしょうがないですよ。それより、試算表は黒字だったのに、なんで突然、赤字になっちゃったんですか。税理士の先生は何て言ってました？」

社長「そういえば、**今期は税金が多くなりそうだから経費を増やす**とか言ってましたね」

私「何か理由をつけて、**費用の計上の仕方を変えた**んですね。社長自身は、1年間の本当の経費がいくらかわかってますか？」

社長「いや、先生は、**請求書の締め日がどうとか言ってました**が、**詳しいことは教えてもらってません**」

私「それじゃ、儲かっているかどうかもわからないじゃないですか」

社長「うーん。言われてみると、そのとおりですね」

私「それに税金を減らすとしても営業赤字ですよ。**銀行にどう説明するんですか？**」

「経営の数字」を見てくれる税理士と付き合う

これは、「納税額を減らすために赤字の決算書を作った」というケースです。

営業利益が赤字ということは、本業が成り立っていないということ。銀行にとって、営業赤字の会社は、普通に貸せる相手ではありませんから、この会社が資金調達に苦労するのは間違いありません。

さらに問題なのは、**社長が会社の「本当の利益」を把握していない**ことです。

会計には、会社の経営状況を開示することを目的とする「財務会計」と、税金を計算することを目的とする「税務会計」があります。

「財務会計」は、企業会計原則などの会計処理の基準に従って作成されるので〝**儲け**〟**が正しく計算されます**。

一方、**「税務会計」**は税金計算が目的なので〝**儲け**〟**が正しく計算されません**。**判断基準は「税務署から指摘を受けるかどうか」**です。

このため、税理士は企業に対し、課税所得を減らしたいときは、税務署が経費として認めるものはすべて費用に計上する、といったアドバイスを行ないます。逆に、銀行から融資を引き出したいときは、できるだけ経費の計上を減らして、決算を黒字にするよう社長にアドバイスします。

言うまでもなく、こうした税務会計の数字は「税金計算に必要」というだけで、社長の経営判断にはまったく役に立ちません。

ところが、実際には、**中小企業の社長の多くは税務の数字に翻弄されています。**

なぜなら、決算書を税務申告用に1つしか作らないからです。

よく「中小企業の決算書はお手盛りでアテにならない」と言われますが、**社長自身、そのアテにならない数字を見て経営判断を行なっているのです。**

経営や資金繰りの問題まで相談するのであれば、**「税金計算の話」と「経営の数字の話」をきちんと分けて説明してくれる税理士と付き合うべき**でしょう。

税理士の中にもサービス向上に努力している人がおり、古いタイプの税理士との差がどんどん広がってきています。

私が重要だと思うのは、その先生が「キャッシュフローをどのくらい意識しているか」という点です。**キャッシュフローについての質問に答えられない税理士・会計事務所には、借入や資金繰りについてのアドバイスはあまり期待しないほうがよいでしょう。**

財務会計と税務会計

財務会計
（経営の役に立つ）

科目	前期
売上高	×××
売上原価	×××
売上総利益	×××
販売管理費	×××
営業利益	×××
営業外収益	×××
営業外費用	×××
経常利益	×××
特別利益	×××
特別損失	×××
税引前当期利益	×××
法人税等	×××
当期純利益	×××

目的 ＝ 経営状況の開示

税務会計
（経営の役に立たない）

科目	前期
売上高	△△△
売上原価	△△△
売上総利益	△△△
販売管理費	△△△
営業利益	△△△
営業外収益	△△△
営業外費用	△△△
経常利益	△△△
特別利益	△△△
特別損失	△△△
税引前当期利益	△△△
法人税等	△△△
当期純利益	△△△

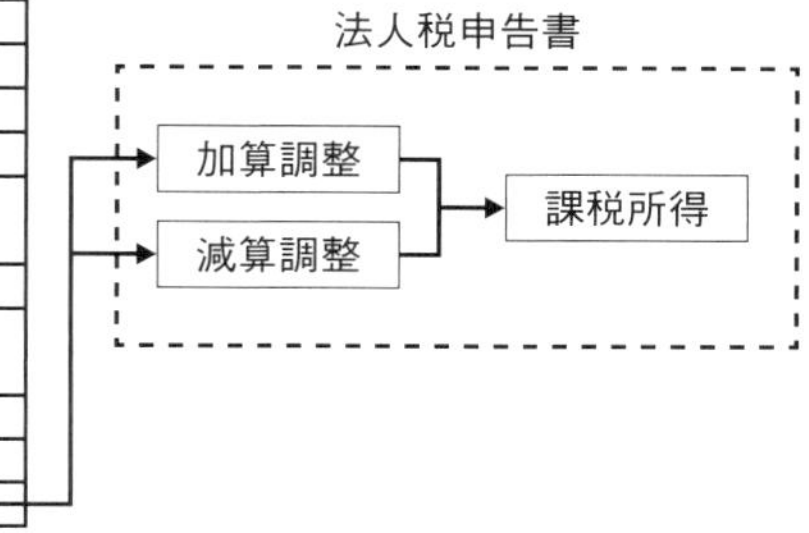

目的 ＝ 税金（主に法人税）の計算

社長の経営判断に役立つ指標「自己資本比率」を確実に押さえる

不況がきても自己資本比率の高い会社はリスケにならない

財務体質を表わす数字には、流動比率とか固定比率とかいろいろな比率がありますが、社長の経営判断に、これらの指標はあまり役立ちません。会社の経営は「いくら儲かった」「いくらお金が入った」など、もっと生々しい数字で行なうものだからです。

ただし、**「自己資本比率」だけは、社長も押さえておくべきです。**

自己資本比率は、返済が要らない自己資本（純資産）が総資本の何%を占めるかを示す指標で、計算式は次のとおりです。

自己資本比率（%）＝ 純資産 ÷ 総資産 × 100

この比率が高くなればなるだけ会社の経営は安定します。

資金繰りが悪化して、銀行にリスケを申請する会社の多くは、自己資本比率の低い会社です。逆に自己資本比率の高い会社は、不況がきても銀行返済をリスケせずに乗り越えることができます。

自己資本比率は、業種を問わず、最低でも20～30%、できれば50%以上まで高めていくようにすべきです。

経営を安定させるには納税が必要

中小企業の約7割が赤字といわれています。

しかし、この数値には、法人税を払わなくて済むよう、意図的に利益を圧縮している企業がかなりの数、含まれています。

したがって、こうした統計数字をそのまま受け取ることはできません。

利益をあげることによる自己資本比率の向上

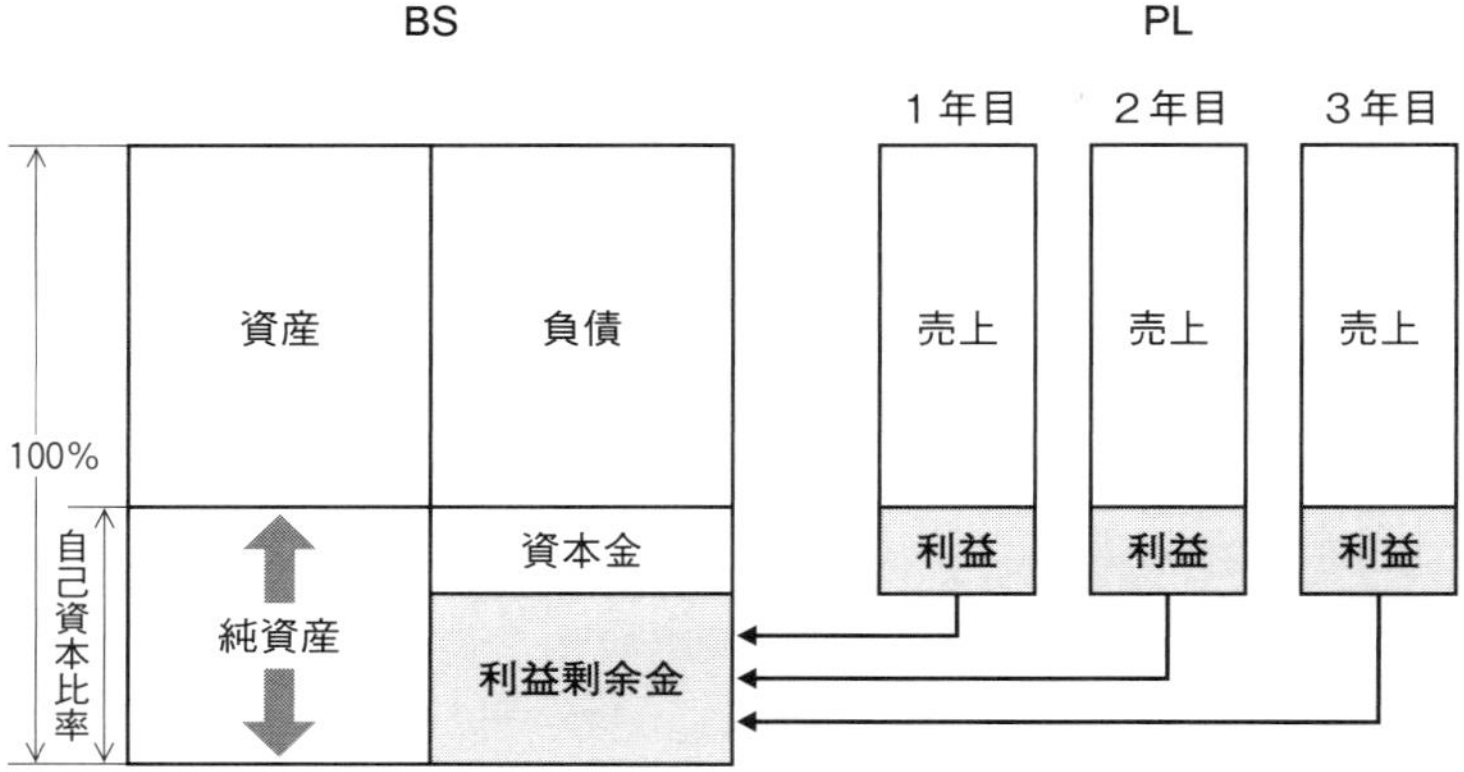

節税を目的にしている会社は借金をしないほうがよいでしょう。利益を計上せずに経営を安定させていくことは不可能だからです。

税金を少なくするために経費を余計に使えば、会社に残るお金も少なくなります。

もっとも、節税にはキャッシュアウトをともなわないものもありますから、すべてがダメということではありません。

しかし、利益をあげるか、あげないかの軸足だけは明確にしておく必要があります。

経営を安定させるには、上図のようにＰＬで利益をあげ、純資産を増やし、自己資本比率を高めていくことが必要不可欠です。

つまり、納税しなければならないということです。

粉飾に手を染めるくらいならリスケする

典型的なのは保証協会付き融資を断られてリスケに突入するパターン

リスケに追い込まれる会社の多くは、リスケを銀行に依頼する前段階で、借金Aの返済に新たな借金Bを充て、借金AとBの返済に新たな借金Cを充てる……、というように、「借りて返す」を繰り返す**「借換え体質」**に陥っています。

借換え体質となった会社の資金繰り表は、次ページ表のようになります。

借換え体質の会社は、毎月の約定返済が経常収支（売上入金や仕入代金、経費の支払いなど、本業の資金収支）を上回り、手元資金が減っていきます。

そして、次の融資が受けられないと資金ショートする、というところまで追い込まれてしまいます。

借換え体質の会社の資金繰り表

（千円）

科目			4月	5月	6月	7月	8月
前月繰越現金			25,000	20,000	15,000	10,000	5,000
経常収支	収入	現金売上					
		売掛金回収					
		その他収入					
		収入合計					
	支出	仕入代金					
		賃金・給与手当					
		その他経費					
		支出合計					
	差引過不足		5,000	5,000	5,000	5,000	5,000
経常外収支	収入	有形固定資産売却収入					
		その他経常外収入					
		収入合計					
	支出	有形固定資産購入支出					
		その他経常外支出					
		支出合計	0	0	0	0	0
	差引過不足						
財務収支	収入	長期借入金調達					20,000
		短期借入金調達					
		収入合計	0	0	0	0	20,000
	支出	長期借入金返済	10,000	10,000	10,000	10,000	10,000
		短期借入金返済					
		支出合計	10,000	10,000	10,000	10,000	10,000
	差引過不足		−10,000	−10,000	−10,000	−10,000	10,000
当月収支			−5,000	−5,000	−5,000	−5,000	15,000
翌月繰越現金			20,000	15,000	10,000	5,000	20,000

経常収支を上回る毎月返済

この融資がおりないとアウト！

毎月返済が経常収支を上回る分、手持ち現金が減っていく

無事に融資がおりれば一息つけますが、おりなければ即リスケです。

中小企業では、頼みの綱である保証協会付き融資を断られてリスケに突入するのが典型的なパターンです。

こういう綱渡りを続けていると、必然的に銀行の存在が大きくなっていきます。

日頃から資金繰りを銀行に深く依存しているため、社長は「リスケにな

ったらオシマイだ」と強く思い込みます。誰かが「リスケしたほうがよい」とアドバイスしても、社長は耳を貸しません（実際にはリスケになっても事業を継続できるケースが大半です）。

そして、**次の融資が受けられなくなる恐怖にかられて、財務粉飾に手を染めはじめます。**

粉飾は、最初は減価償却費を満額計上しないことからはじまり、そのあとは、仕入の計上を先送りにしたり、在庫を水増ししたりと、回を追うたびに大胆になっていきます。

粉飾もせいぜいこのあたりでやめておけばよいのですが、社長によっては深みにはまり、まったく架空の売上を計上したり、銀行ごとに異なる決算書を提出したりします。

この段階になると、社長自身は体調を崩すか、酒に溺れていたりします。

事情をご存じない方は、粉飾する社長がとんでもないワルのように思うかもしれませんが、実際は、真面目に商売に取り組む普通の社長がほとんどです。

つまり、それだけ**資金繰りのプレッシャーが大きい**ということ。追い込まれた（と思い込んでいる）社長にとって、融資が止まることは死刑宣告に等しいことなのです。

粉飾した会社の脱リスケは難しい

長きにわたって粉飾を続け、借金を増やしてきた会社は、それだけ会社の実力を超えた借金を抱え、深刻な債務超過に陥っています。債務超過は、赤字の累積で、純資産の部の合計がマイナスになった状況。銀行が最も嫌うものです。

粉飾する会社は、債務超過を隠しながら借金を重ねるわけですが、**さすがにリスケになると、どのくらいの債務超過になっているかが銀行にもわかってしまいます。**

このあとが問題なのですが、**債務超過が著しい会社は、仮に損益が黒字になっても、そう簡単にリスケから抜け出すことができないのです。**

たとえば、債務超過の解消に5年以上かかるような会社です。

債務超過を解消するには、PLで地道に利益をあげ、純資産のマイナスを減らしていくしかありませんが、5年以上という期間は長いです。その間、いろんなことが起きます。頑張って黒字にしても、また赤字になったりもします。

また、リスケ中は売上を大きく底上げするような設備投資ができません。設備投資どころか、社員1人を増やすのだって大変です。

そして、この影響が意外と大きいのですが、債務超過が著しい会社は借入が多いので、

リスケから抜け出せる会社と抜け出せない会社の違い

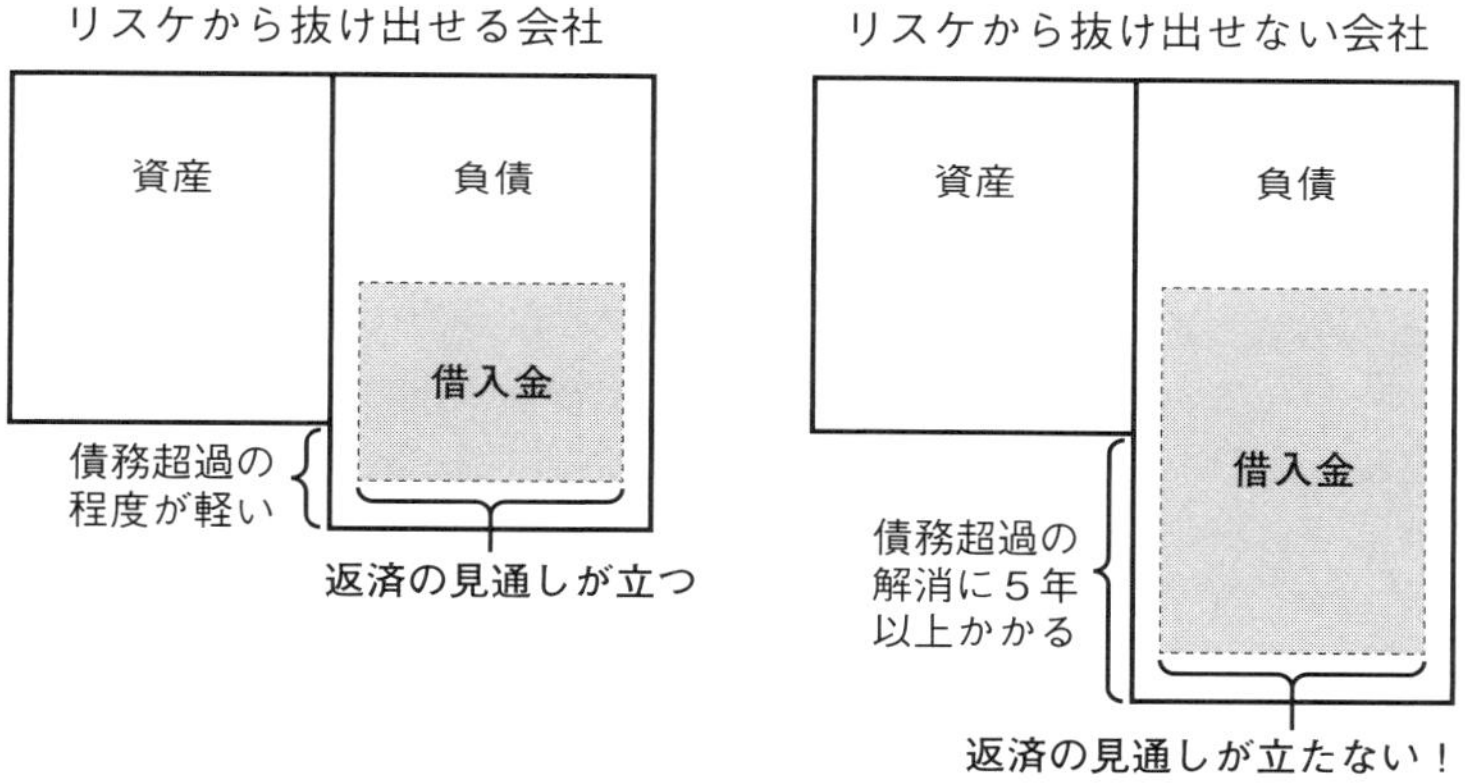

銀行に支払う金利と保証協会の保証料が負担になります。

結局、いつまでもたっても債務超過は消えず、**下手をすると半永久的に再リスケを繰り返すことになります。**

逆に、債務超過を5年かけずに解消でき、借入の残が「大変だけど、頑張れば返済できる」というくらいの金額であれば、リスケから抜け出せる可能性が高くなります。

このように粉飾で借金を膨らませるとリスケから抜け出せなくなり、最後には会社をたたむことになってしまいます。**粉飾しなければならないほど追いつめられたら、いさぎよく融資はあきらめて、リスケを銀行に依頼したほうがよいのです。**

銀行に脱リスケを交渉する

脱リスケの交渉は「返済力」をベースに進める

リスケでは、銀行と条件変更契約を締結しますが、ほとんどの場合、半年や1年という短い期間の契約になります。

会社は、変更期間が満了するつど、銀行と返済額について再度話し合い、リスケを更新していかなければなりません。

契約更新時の銀行員と社長のやり取りは、だいたい次のようなものです。

銀行員「社長、そろそろ返済を増やしてくれないと困りますよ。いまのペースだと、返済に何年かかるか、わかってますか？　60年ですよ。返済し終わる頃は、社長も私も生きてませんよ」

社長「それはわかっています。こっちだって早く借金は返したいんです。でも、なかなか利益が出ませんで……」

銀行員「前回の更新のときも同じことをおっしゃってましたよね。まあ、とにかく次回は必ず増やしてもらいますからね」

このように、**契約更新のつど、「現状より返済を増やしてほしい」と催促されます。**その気になれば、銀行はいつでもリスケの更新をこばめますから、社長も気が気ではありません。

銀行と長期の分割返済の契約を締結し、銀行との再交渉を不要にするのが脱リスケ（返済正常化）です。

たとえば、借入金が３０００万円残っていて、毎月50万円なら返済できるという場合に、３０００万円÷50万円＝60回（５年）の条件でリファイナンス（借換え融資）を受ければ、**もう銀行に行って頭を下げる必要はありません**よね。

このように、借金が「あとは返すだけ」の状態になったときに、リスケから抜け出した（正常化した）といえるのです。

脱リスケのメリットは**新規融資が復活する**ことです。保証協会付き融資が再び使えるようになり、メインバンク以外の金融機関からも融資が受けられるようになります。ただし、新規融資が受けられるかどうかは、あくまでも総合的な判断で決まります。正常化したあとの返済条件に無理があったり、財務内容が悪かったりすると、脱リスケを果たしたあとも融資を受けられない状態が続く場合があります。

返済を正常化する際には、銀行と交渉し、新たな返済条件を取り決めますが、その際は、必ずしも借入時の返済条件に縛られる必要はありません。

たとえば、次ページ表のように、６０００万円を期間5年で借り、2～3年目はリスケで元金返済をゼロにしていた場合を考えてみましょう。

もともとの返済額は月１００万円です。１００万円に戻すのは難しいものの、月40万円であればしっかり払っていけるという場合、新規融資で借り換えて、借入期間を延ばしてもらうのです。

次ページ表は借入期間10年で借り換えた例です。必ずしもこれだけの返済期間を確保できるとは限りませんが、保証協会付き融資などでは対応してもらえる場合もあります。

返済力に基づく「脱リスケ」の例

当初の返済条件（借入期間５年・毎月返済100万円）

	返済額（月）	返済額（年）	借入残高
			6,000
１年目	100	1,200	4,800
２年目	100	1,200	3,600
３年目	100	1,200	2,400
４年目	100	1,200	1,200
５年目	100	1,200	0

※返済額 ＝ 元本返済

２年と３年目の返済をリスケ（元金返済ゼロ）

	返済額（月）	返済額（年）	借入残高
			6,000
１年目	100	1,200	4,800
２年目	0	0	4,800
３年目	0	0	4,800

脱リスケ（毎月返済40万円）

	返済額（月）	返済額（年）	借入残高
			6,000
１年目	100	1,200	4,800
２年目	0	0	4,800
３年目	0	0	4,800
４年目	40	480	4,320
５年目	40	480	3,840
６年目	40	480	3,360
７年目	40	480	2,880
８年目	40	480	2,400
９年目	40	480	1,920
10年目	40	480	1,440
11年目	40	480	960
12年目	40	480	480
13年目	40	480	0

4,800万円を
借入期間10年の
新規融資で借換え
（トータル13年で完済）

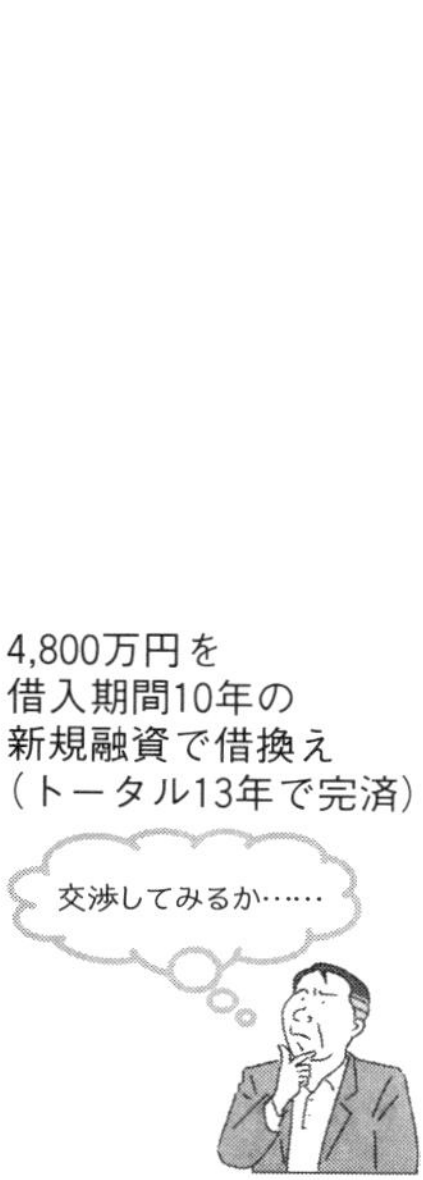

最低「年に1度」はキャッシュフロー計算書を確認する

作ることではなく、どう読むかが大事

じつのところ、キャッシュフロー計算書の作成自体はそう難しいものではありません。会計ソフトからアウトプットすることもできますし、会計事務所に頼むこともできます（拙著『中小企業のための「資金繰り・借入交渉」実践マニュアル』でも作成方法を解説していますので、よろしければそちらをご覧ください）。

問題は、作ることではなく、「どう読むか」です。**細かな計算式がわからなくても、大体どういうことが書いてあるのかがわかれば社長としてはＯＫです。**

次ページ図に示したのがキャッシュフロー計算書の内容です。

ここでいう「キャッシュ」というのはＢＳの「現預金」を指します。

キャッシュフロー（CF）計算書の内容

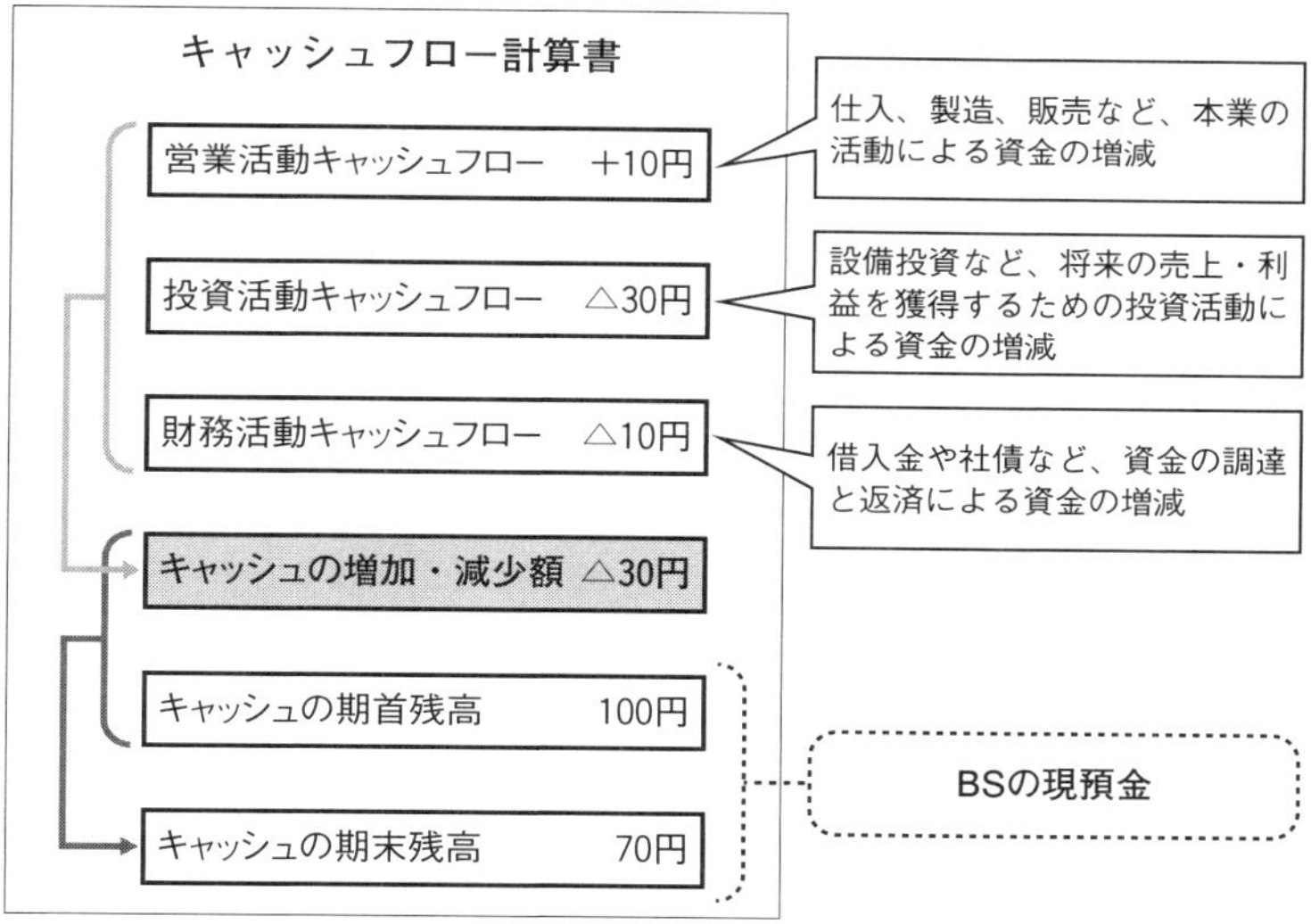

図のように前々期の決算書で現預金が100円だったのが、前期の決算書で70円に減っていれば、キャッシュが30円減ったということです。

30円減った原因は、営業＋10円、投資△30円、財務△10円、と、それぞれのキャッシュフローに求めることができます（営業でお金を10円増やし、投資に30円、財務に10円使った、ということ）。**下に「結果」、上に「原因」が書いてあるわけです。**

各キャッシュフローの意味は次のとおりです。

(1)営業活動キャッシュフロー

本業の営業活動による資金の増減を表わします。PLの「営業利益」は「本業の儲け」を示しますが、営業活動キャッシュフローには支払利息や法人税の支払いが含まれます。よって、営業利益というよりは「経常利益」に近い数値です。

ここでは大雑把に、「PLの利益をキャッシュで見たもの」と理解しておきましょう。

(2)投資活動キャッシュフロー

設備投資や貸付金、M&Aなど、将来の売上、利益獲得のための投資活動によって増減する資金です。投資活動キャッシュフローは、たとえば、設備を購入してお金を使えばマイナス、売却して売却代金が手に入ればプラスになります。

(3)財務活動キャッシュフロー

借入金や社債など、資金の調達と返済による資金の増減です。財務活動キャッシュフローは、たとえば、新たに借入を行なえばプラス、借入を返済すればマイナスになります。

よいCFの例（スターバックスコーヒージャパン）

（億円）

決算年月	2010年3月	2011年3月	2012年3月	2013年3月	2014年3月
営業CF	102	① 46	109	95	128
投資CF	△24	△39	△47	△62	△81
財務CF	△24	△6	△7	△10	△11 → 2014年3月期で無借金化

② ③

売上高	970	1,015	1,077	1,165	1,256
経常利益	66	65	80	97	109

※表内の数値は会社が公表している数値を切り捨てにしたもの

①営業CFの範囲内で投資を行ない（営業CF＋投資CF>0）
②その結果、売上と利益が増え
③利益によって営業CFを確保

「フリーキャッシュフロー（FCF）」とは

上表は、近年、業績を伸ばしているカフェ大手、スターバックスコーヒージャパン（以下、「スタバ」といいます）のキャッシュフローとPL数値の推移です。

まず、下にあるPLの売上高と経常利益を見てください。順調に売上と利益が伸びています。2014年3月期まで、ほぼ毎期、増収増益です。これは、スタバが国内店舗数を積極的に増やしてきたからです。

次に、営業活動キャッシュフロー（営業CF）を見ると、毎期プラスです。営業ＣＦは本業のキャッシュフローですから、上場企業としてプラスは、ある意味当然といえるでしょう。

投資活動キャッシュフロー（投資ＣＦ）は毎期マイナスになっていますが、これは主に国内の新規店舗の出店投資によるものです。

投資ＣＦはマイナスであってもかまいません。むしろ、**成長志向の強い企業の場合、投資ＣＦがマイナスでなければ困ります**。投資活動は、将来の売上と利益獲得に向けて行なうものだからです。

さて、ここで大きなポイントがあります。それは、スタバが「毎期、営業ＣＦを超えない範囲で新規出店の投資を行なっている」という事実です。

自分で儲けたお金から投資する。つまり、無茶な投資をしていないということです。

しかも、その限られた投資で、売上と利益を増やしています。稼いだ利益は営業ＣＦになって、また翌期の投資に使われています。

このことは、スタバが借金に頼らずに、「自前で事業を展開していること」を意味します。

財務キャッシュフロー（財務ＣＦ）を見ると、ずっとマイナスです。要は、毎年、借金を返しているということです。営業ＣＦから投資を行ない、余ったお金を借金返済に充てたわけです。

実際、スタバは２０１４年３月期で有利子負債を完済し、株式上場以来初の無借金になっています。

スタバのように、**「自前で事業を展開できているかどうか」を示す数値がフリーキャッシュフロー（ＦＣＦ）**です。

ＦＣＦの計算式は「営業ＣＦ＋投資ＣＦ」です。この数値がスタバのように、プラスなら、事業で稼いだお金から再投資を行なうので、新たに借入をする必要がありません。それどころか、余ったお金から借入返済を進めることができます。

逆に、ＦＣＦのマイナスが続く場合は、財務ＣＦをプラスにして借金を増やすしかありません。

この状態が続くと、借金が増加し、いずれその返済を迫られることになります。

リスケや倒産に追い込まれる会社のCF

〈赤字型〉

	1年目	2年目	3年目	
営業CF	△30	△60	△90	→FCFマイナス
投資CF	0	0	0	
財務CF	+30	+60	+90	→借入増加

売上高	500	450	400	→業績悪化
経常利益	△30	△60	△90	

〈過剰投資型〉

	1年目	2年目	3年目	
営業CF	+20	+10	0	→FCFマイナス
投資CF	△50	△50	△50	
財務CF	+30	+40	+50	→借入増加

売上高	500	500	500	→業績低迷
経常利益	20	10	0	

※便宜上、営業CFと経常利益の金額を同額にしているが、通常は一致しない

リスケや倒産に追い込まれる会社の大半は、この悪循環にはまり、FCFでマイナスを出した会社です（上表）。

以上から、次のことがいえます。

・FCFがプラスの会社は借金を減らし続け、いずれ無借金化する

・FCFがマイナスの会社は借金を増やし続け、いずれ経営破綻する

これまで多くの中小企業の社長とお会いしてきました

が、悲しいことにキャッシュフロー計算書で経営戦略を語る社長とは、一度もお目にかかったことがありません。

PLやBSのように税務署への提出義務がありませんから、やむを得ないことかもしれませんね。

しかし、FCFは、中小企業の社長も必ず知っておくべき重要情報です。なぜなら、そこには**会社の真実の姿が表われているから**です。

キャッシュフロー計算書は、損益計算書と違ってウソをつきません。**これまで〝自前〟で事業を展開できていたかどうか、できれば過去5年くらいのFCFを確認してみてください。**

そもそも、なぜ銀行に借金しているのでしょうか。原点に返って事業を見直してみることで、新しい境地が開けるかもしれません。

年に1回でもかまいませんから、キャッシュフロー計算書は必ず見ましょう。

FCFを毎期継続してチェックすれば、会社が間違った方向に進むリスクを減らせるはずです。

おわりに

ここまでお読みいただき、ありがとうございました。

恐縮ですが、最後に私自身の経験をお話しさせていただきます。

バブル崩壊後の90年代半ば、まだ20代で若かった私は、約2兆円の融資残と巨額の不良債権を抱えた住専（住宅金融専門会社）で債権管理回収業務を任され、困惑していました。

上司から「読んでおけ」と渡された大口融資先の決算書を見ると、何百億円とか何千億円という、とんでもない数字が並んでいます。

「これをいったいどう読めというのか……」

私にとっての「決算書の読み方」は、そういうところからのスタートでした。

最初に行なったのは、本書でも解説した「実態バランスシート」の作成です。すでにバブルは終わっていましたから、融資先の貸借対照表に計上されている不動産や株を時価に置き換えていくと、それはもう笑うしかないような、ものすごい額の債務超過になるわけです。若くて知識が少なかった私にもすぐわかりました。

「こりゃダメだ……。とても回収できない」

しかし、それでも、融資したお金がどこに流れているのかを追わなければならない。当時は、まだキャッシュフローという言葉も使われていませんでした。お金の流れをつかむ。ただそれだけを目的にＰＬ、ＢＳに向き合っていました。

そして、融資先に対し、果敢に決算書の矛盾点を追及していきました（第1章で紹介した「イメージトレーニング」は、その頃よくやっていました）。

上司は、日本興業銀行（現在はみずほ銀行）からの出向者。その方は大変な熱血漢で、毎晩、終電近くまでしごかれたものです。

次から次へと担当先が増え、残業と休日出勤が続き、遊ぶ時間はありませんでした。

もちろん住専叩きでも、いくらか嫌な思いをしました（住専の不良債権は、結果として公的資金を使って処理されたため、世間の批判にさらされた）。

普通の方からすると、つらい経験に見えるかもしれません。

でも、自分はこの頃がとても楽しかったのです。


それは「数字のことがわかってきた」から。

数字がわかるようになると、若造でもちゃんと意見が言えるようになるのです。それまで「他人事」だったことが、なぜか「自分の事」になっている。

気がつくと、私は、純粋に仕事にハマっていたのです。

その後、苦労して中小企業診断士の資格をとり、独立しました。幸い、素晴らしい社長とのご縁に恵まれ、中小企業のお助けマンとして充実した日々を過ごしています。

しかし、いまも自分のベースは決算書と格闘した20代の頃にあると思うのです。


アナタにとって、この本が、中小企業の決算書をより深く読むきっかけになってくれることを心から願っています。

安田　順（やすだ　じゅん）

安田経営診断事務所代表・中小企業診断士・経営革新等支援機関。

1966年、島根県松江市生まれ。

東京国際大学商学部卒業後、住宅金融専門会社、住宅金融債権管理機構(現在の整理回収機構)にて、融資業務のほか残高100億円超の大口案件の債権回収、企業再生を経験。その後、経営コンサルタント会社、大手銀行系リース会社を経て、2001年に独立。現在、金融・財務に詳しい「中小企業の社外CFO（財務責任者）」として、実質無借金の会社から再建真っただ中の会社まで幅広く経営全般のサポートに携わっている。

"ドンブリ経営"の中小企業をキャッシュフロー経営に変えるのが得意で、会社の真の実力を引き出すため、マーケティングのアドバイス、社員教育、銀行交渉の支援などに日々奔走している。

著書に『中小企業のための「資金繰り・借入交渉」実践マニュアル』（日本実業出版社）などがある。

◎ホームページ
http://www.yasuda-keiei.com

◎e-mail
info@yasuda-keiei.com

銀行員《ぎんこういん》はココを見《み》ている
社長《しゃちょう》のための「中小企業《ちゅうしょうきぎょう》の決算書《けっさんしょ》」読《よ》み方《かた》・活《い》かし方《かた》

2015年5月1日　初版発行
2016年12月10日　第5刷発行

著　者　安田　順 ©J.Yasuda 2015
発行者　吉田啓二

発行所　株式会社日本実業出版社　東京都新宿区市谷本村町3-29 〒162-0845
大阪市北区西天満6-8-1 〒530-0047
編集部 ☎03-3268-5651
営業部 ☎03-3268-5161　振　替　00170-1-25349
http://www.njg.co.jp/

印刷／理想社　製本／共栄社

この本の内容についてのお問合せは、書面かFAX（03-3268-0832）にてお願い致します。

落丁・乱丁本は、送料小社負担にて、お取り替え致します。

ISBN 978-4-534-05278-0 Printed in JAPAN